U0479936

缩小收入差距
促进实现共同富裕

Narrow Income Gap To Promote Common Prosperity

陈 彬◎著

图书在版编目（CIP）数据

缩小收入差距 促进实现共同富裕/陈彬著．—北京：经济管理出版社，2024.1
ISBN 978-7-5096-9542-5

Ⅰ.①缩… Ⅱ.①陈… Ⅲ.①共同富裕—研究—中国 Ⅳ.①F124.7

中国国家版本馆 CIP 数据核字(2024)第 009325 号

组稿编辑：申桂萍
责任编辑：申桂萍
助理编辑：张 艺
责任印制：许 艳
责任校对：蔡晓臻

出版发行：经济管理出版社
（北京市海淀区北蜂窝 8 号中雅大厦 A 座 11 层 100038）
网 址：www.E-mp.com.cn
电 话：(010) 51915602
印 刷：唐山昊达印刷有限公司
经 销：新华书店
开 本：720mm×1000mm/16
印 张：10
字 数：125 千字
版 次：2024 年 1 月第 1 版 2024 年 1 月第 1 次印刷
书 号：ISBN 978-7-5096-9542-5
定 价：68.00 元

前　言

党的二十大报告指出，中国式现代化是全体人民共同富裕的现代化。习近平总书记也强调，共同富裕是社会主义的本质要求，是中国式现代化的重要特征。通过持续推动缩小收入差距，将收入差距控制在合理的范围内，实现发展与共享的统一、效率与公平的和谐，不仅体现出“共同”的核心要义，也是最终实现全体人民共同富裕的现代化的根本要求。然而，从发展现状来看，目前我国收入差距依然较大，突出表现在基尼系数高位波动、收入分配不平等矛盾依旧突出，区域发展差距大、地区间收入水平不均衡矛盾仍然凸显，城乡居民收入差距有所缩小、但仍处于较高水平，不同人群的收入差距拉大、财富分配状况悬殊等方面，实现共同富裕仍然任重而道远。

因此，本书的写作目的是要对当前我国收入差距状况进行全面准确的分析，找出导致当前我国收入差距较大的深层次原因，借鉴世界先进国家的经验教训，寻找一条适合新发展阶段下缩小收入差距　促进实现共同富裕的具体路径，研究提出相应的政策举措。

全书一共分为 8 章。第 1 章是导论，主要介绍了本书的研究背景、研究意义、研究目标，并从居民收入差距的测度、居民收入差距的成因、居民收入差距的影响、居民收入差距与国民收入分配、居民收入差距与中等收入陷阱五个方面系统梳理了前人的研究成果，在此基础上确定了本书的研究内容，即“一个中心、五大板块”：以提出缩小收入差距实现共同富裕的路径措施为中心，涵盖国民收入分配格局、城乡收入差距、地区收入差距、行业收入差距、跨越中等收入陷阱五大板块。通过五大研究板块得出的研究结论和政策建议，总结提炼升华出缩小收入差距实现共同富裕的总体思路和路径措施。在本章的最后说明了本书的研究方法和技术路线。

第 2 章是研究的铺垫，首先对共同富裕的历史渊源、内涵及基本特征进行阐释，指出共同富裕是社会主义的本质要求，也是千百年来中国人民乃至全人类的共同理想追求。无论是在中国优秀传统文化中，还是在马克思主义经典作家的笔下，抑或是在我国社会主义建设的实践过程中及对西方资本主义发展的批判超越中，都能发现人类对于实现共同富裕的美好愿景和丰富实践。共同富裕是指能满足全体人民日益增长的美好物质和精神生活需要、人人都达到富裕生活水平但存在合理差距的普遍富裕。共同富裕的前提和基础是社会生产力高度发展、社会财富极大丰富，共同富裕的关键在于共同、实现全体人民的共同富裕。同时，本书指出，在新发展阶段条件下实现共同富裕的进程中，贯彻新发展理念是扎实推进共同富裕的先决条件，具有不可忽视的重要指导作用。创新为共同富裕夯实物质基础，协调为共同富裕破解发展不平衡问题，绿色为共同富裕搭建人与自然和谐发展之路，开放为共同富裕注入外部发展动力，共享为共同富裕提供根本指向遵循。此外，新发展格局的构建为实现共同富裕提供了物质基础和根本保障，而实现共同富裕也为加快构建新发展格局提供了发展方向和目标指引。

第 3~7 章是研究的重点，分别从国民收入分配格局、城乡收入差距、地区收入差距、行业收入差距、跨越中等收入陷阱五个领域进行了具体研究。第3章对我国宏观层面的国民收入分配格局进行了研究。研究显示，近年来我国住户部门收入在国民收入初次分配和再分配中的占比呈现先下降后缓慢回升的走势，与其他主要经济体相比占比仍然相对偏低。劳动报酬增长相对缓慢、再分配调节力度不够、财产性收入增加有限、资本全球化快速扩张等因素共同导致了这种结果的出现。需要从进一步推动国民收入分配向住户部门倾斜、提高劳动报酬在初次分配中的比重、增强税收和社会保障的再分配调节作用以及多渠道拓宽增加居民的财产性增收空间等方面入手，不断优化完善国民收入分配格局，促进共同富裕目标实现。

第4章研究了我国城乡收入差距问题。研究结果表明，近年来我国城乡收入差距总体趋于改善，财产性收入差距已经成为影响总体收入差距的首要矛盾。与主要发达经济体相比，我国城乡收入差距仍然较大。城乡二元制度惯性、城乡要素禀赋差异、“大城市化”的快速发展和税收调节功能不健全导致城乡收入差距较大的现象尚未根本消除。必须从做好破除城乡二元体制的顶层设计、促进城乡要素双向自由流动、以新型城镇化带动城乡一体化发展、加快完善相关税收制度等方面重点着力，增强农村居民增收后劲，调节过高收入，努力缩小城乡收入差距。

第5章研究了我国地区收入差距问题。研究结果显示，党的十八大以来，我国区域间收入差距扩大问题总体有所缓和，东部、中部、西部及不同省域间相对收入差距缩小，但绝对收入差距及南北方之间收入差距扩大问题仍然突出。自然地理差异、科技文化差异、产业结构差异以及政策支持差异是导致我国地区收入差距的主要原因。需要从加快完善抑制地区差距扩大的体制机制、深入落实重大区域发展战略、积极推进欠发达地区产业转型、提升落后地区创新能力、持续加大财政金融倾斜支持力度等方面着手，努力缩小地区收入差距，促进区域经济均衡发展。

第6章研究了我国行业收入差距问题。研究结果表明，近年来我国行业间收入差距呈先缩小后扩大趋势，行业间不同类型非私营单位收入差距较大，非私营与私营单位行业收入差距总体呈“U”形趋势。劳动生产率差异、人力资本差异、产业结构变迁、市场垄断是导致行业间收入差距的原因所在。需要从优化组织管理、鼓励技术创新，强化教育培训、完善就业市场，优化产业调整、明确支持重点，打破行业垄断、规范分配秩序等方面下功夫，努力缩小行业间收入差距，让其保持在合理的范围内。

第 7 章研究了我国跨越中等收入陷阱的现状、挑战及对策。研究结果指出，我国中等收入群体规模不断壮大，已经接近高收入国家的门槛，但中等收入群体的收入份额有所下降，且城乡之间收入分化程度差异明显。未来，经济社会发展“未富先老”、社会向上流动约束性仍存、居民负债水平偏高、资本无序扩张问题将困扰我国稳定迈入高收入国家行列。因此，需要从“稳住存量、扩大增量、提高质量”三方面着手，夯实中等收入群体的增收基础，促进低收入群体加快向上流动，防范脆弱群体因各种原因返贫，确保成功跨越中等收入陷阱。

第 8 章是研究的最终落脚点。首先，从构建调节过高收入的税收政策体系、制定覆盖全面基本的社会保障制度、实施促进机会公平的教育就业政策、完善协调区域发展的均衡发展制度、建立保护弱势竞争者的制度政策五个方面总结归纳了美国、日本、英国、德国等发达国家调节收入差距的政策经验。其次，确定缩小收入差距实现共同富裕的总体思路，即坚持以习近平新时代中国特色社会主义思想为指导，坚持以人民为中心的发展思想，正确处理效率和公平的关系，以国民收入初次分配为基础、再分配为保障、三次分配为补充，构建初次分配、再分配、三次分配协调配套的基础性制度安排，着力增加低收入群体收入，巩固扩大中等收入群体比重，合理调节过高收入，坚决取缔非法收入，形成中间大、两头小的“橄榄型”收入分配结构，促进社会公平正义、促进人的全面发展，努力缩小地区、城乡、行业间收入差距，建立起公正合理的收入分配格局，使全体人民朝着共同富裕目标扎实迈进。再次，根据党中央的最新表述和部署，提出缩小收入差距实现共同富裕的阶段性目标，也就是到“十四五”末，居民收入差距逐步缩小，中等收入群体比重稳步提高，全体人民共同富裕迈出坚实步伐；到2035年，居民收入差距显著缩小，中等收入群体比重明显提高，全体人民共同富裕取得更为明显的实质性进展；到21世纪中叶，居民收入差距缩小到合理区间，形成中间大、两头小的“橄榄型”收入分配结构，全体人民共同富裕基本实现。最后，从改进维护收入分配起点公平政策、优化保障收入分配过程公平政策、完善促进收入分配结果公平政策三个方面研究提出系统性政策举措，通过三个环节协同发力、多方政策统筹协调，形成合力将居民收入差距逐步缩小至合理区间，建立起公正合理的收入分配格局。

目　录

1　导论 ………………………………………………………………… 1

1.1　研究背景、意义及目标 ………………………………………… 1

1.1.1　研究背景 ………………………………………………… 1

1.1.2　研究意义 ………………………………………………… 3

1.1.3　研究目标 ………………………………………………… 4

1.2　相关文献综述 ……………………………………………………… 5

1.2.1　居民收入差距的测度 ……………………………………… 5

1.2.2　居民收入差距的成因 ……………………………………… 6

1.2.3　居民收入差距的影响 ……………………………………… 8

1.2.4　居民收入差距与国民收入分配 …………………………… 9

1.2.5　居民收入差距与中等收入陷阱……………………………… 10

1.3　研究内容、方法和技术路线……………………………………… 11

1.3.1　研究内容………………………………………………… 11

1.3.2　研究方法………………………………………………… 13

1.3.3　技术路线………………………………………………… 13

2　新发展阶段下的共同富裕…………………………………………… 14

2.1　共同富裕的历史渊源、内涵及基本特征…………………………… 14

2.1.1　共同富裕思想的历史渊源………………………………………… 14

2.1.2　共同富裕的内涵…………………………………………………… 16

2.1.3　共同富裕的基本特征……………………………………………… 17

2.2　新发展理念与共同富裕……………………………………………… 18

2.3　新发展格局与共同富裕……………………………………………… 21

3　国民收入分配格局与共同富裕……………………………………… 24

3.1　改革开放以来我国国民收入分配制度的演变……………………… 24

3.1.1　重新确立按劳分配原则阶段（1978~1992 年）　……… 25

3.1.2　允许生产要素参与分配阶段（1993~2012 年）　……… 26

3.1.3　完善按要素分配体制机制阶段（2013 年至今）　……… 27

3.2　我国国民收入分配格局的变化特点及国际比较…………………… 27

3.2.1　住户部门在初次分配中的比重先下降后有所提高……… 28

3.2.2　再分配对国民收入分配格局的调节作用有待加强……… 29

3.2.3　劳动者报酬在国民收入中的份额仍有继续提升空间……………………………………………………… 31

3.2.4　国际比较显示我国住户部门和劳动者报酬占国民收入比重相对偏低………………………………………… 32

3.3　我国现阶段国民收入分配格局的成因分析………………………… 34

3.3.1　劳动报酬增长相对缓慢是主要因素……………………… 34

3.3.2　再分配调节力度不够是关键因素………………………… 35

3.3.3　财产性收入增加有限是重要因素………………………… 36

3.3.4 资本全球化快速扩张是外部因素 …… 36
3.4 优化完善我国国民收入分配格局的建议 …… 37
3.4.1 进一步推动国民收入分配向住户部门倾斜 …… 37
3.4.2 进一步提高劳动报酬在初次分配中的比重 …… 38
3.4.3 进一步增强税收和社会保障的再分配调节作用 …… 38
3.4.4 进一步多渠道拓宽增加居民的财产性增收空间 …… 38

4 城乡收入差距与共同富裕 …… 40

4.1 我国城乡收入差距及其变化 …… 40
4.1.1 近年来我国城乡收入差距趋于改善 …… 41
4.1.2 财产性收入差距上升为导致城乡收入差距的首要因素 …… 42
4.1.3 与主要发达经济体相比我国城乡差距仍然较大 …… 43
4.2 当前我国城乡收入差距较大的原因剖析 …… 45
4.2.1 城乡二元制度惯性是城乡收入差距较大的根本所在 …… 46
4.2.2 要素禀赋差异是城乡收入差距较大的深层原因 …… 46
4.2.3 “大城市化”快速发展是导致城乡收入差距较大的重要因素 …… 48
4.2.4 税收调节功能不健全是城乡收入差距较大的关键 …… 48
4.3 缩小城乡收入差距的对策建议 …… 50
4.3.1 做好破除城乡二元体制的顶层设计 …… 50
4.3.2 促进城乡要素双向自由流动 …… 50
4.3.3 以新型城镇化带动城乡一体化发展 …… 51
4.3.4 加快完善相关税收制度 …… 51

5　地区收入差距与共同富裕……………………………… 53

5.1　我国地区收入差距及其变化…………………………… 54

5.1.1　西部与其他地区收入相对差距缩小，但东部地区仍具绝对优势……………………………… 54

5.1.2　不同省域之间收入相对差距缩小，但绝对差距仍在扩大……………………………… 55

5.1.3　南北方地区之间收入相对和绝对差距均在不断扩大…… 56

5.2　当前我国地区收入差距的主要成因……………………… 58

5.2.1　自然地理差异是造成地区收入差距的初始本因………… 58

5.2.2　科技文化差异是造成地区收入差距的内在动因………… 59

5.2.3　产业结构差异是造成地区收入差距的重要诱因………… 60

5.2.4　政策支持差异是造成地区收入差距的关键外因………… 60

5.3　缩小地区收入差距的对策建议…………………………… 61

5.3.1　加快完善抑制地区差距扩大的体制机制……………… 62

5.3.2　深入落实重大区域发展战略促进协调发展…………… 62

5.3.3　积极推进欠发达地区产业转型升级…………………… 63

5.3.4　提升创新能力增强落后地区内生发展动力…………… 64

5.3.5　持续加大财政金融倾斜支持力度……………………… 65

6　行业收入差距与共同富裕……………………………… 66

6.1　我国行业收入差距及其演变…………………………… 66

6.1.1　行业间收入差距呈先缩小后扩大倾向………………… 67

6.1.2　行业间不同类型非私营单位收入差距差别较大……… 68

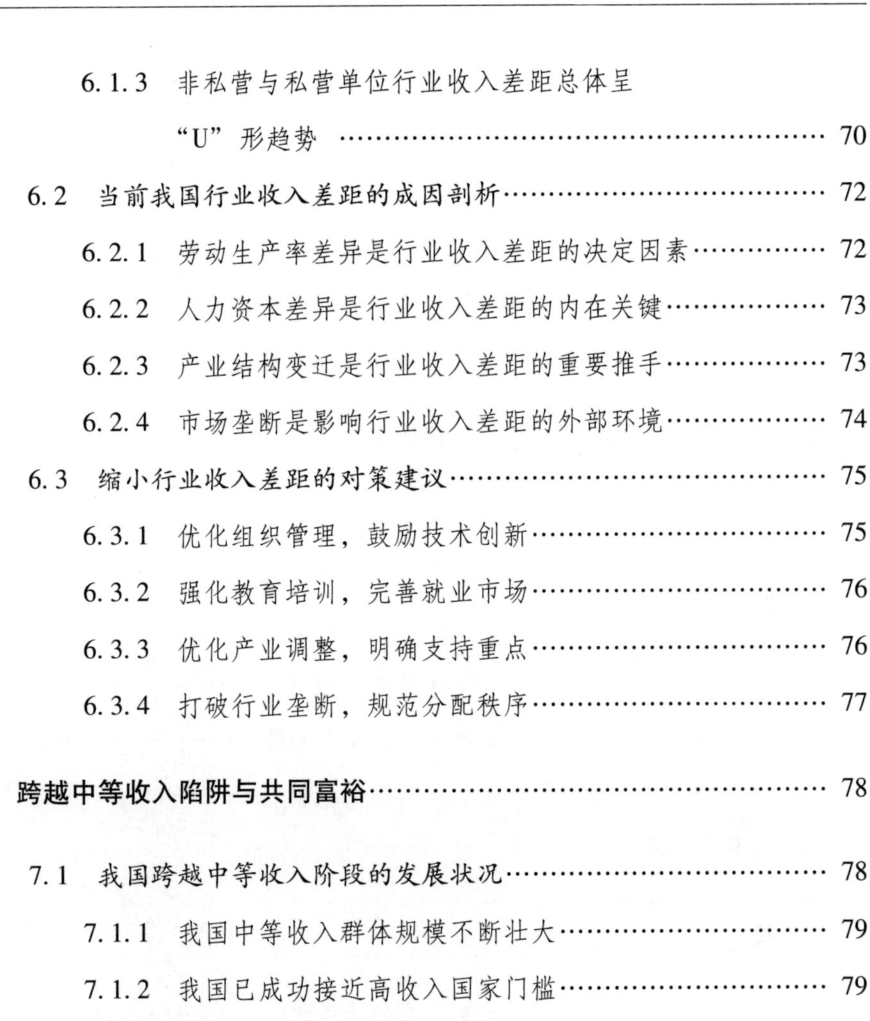

6.1.3 非私营与私营单位行业收入差距总体呈“U”形趋势 …… 70

6.2 当前我国行业收入差距的成因剖析 …… 72

6.2.1 劳动生产率差异是行业收入差距的决定因素 …… 72

6.2.2 人力资本差异是行业收入差距的内在关键 …… 73

6.2.3 产业结构变迁是行业收入差距的重要推手 …… 73

6.2.4 市场垄断是影响行业收入差距的外部环境 …… 74

6.3 缩小行业收入差距的对策建议 …… 75

6.3.1 优化组织管理，鼓励技术创新 …… 75

6.3.2 强化教育培训，完善就业市场 …… 76

6.3.3 优化产业调整，明确支持重点 …… 76

6.3.4 打破行业垄断，规范分配秩序 …… 77

7 跨越中等收入陷阱与共同富裕 …… 78

7.1 我国跨越中等收入阶段的发展状况 …… 78

7.1.1 我国中等收入群体规模不断壮大 …… 79

7.1.2 我国已成功接近高收入国家门槛 …… 79

7.1.3 我国中等收入群体收入份额有所下降 …… 81

7.1.4 我国农村地区收入分化程度高于城镇 …… 81

7.2 未来我国跨越中等收入陷阱面临的挑战 …… 83

7.2.1 “未富先老”导致居民增收动能减弱 …… 83

7.2.2 社会流动性约束仍存制约“扩中” …… 84

7.2.3 居民负债偏高增加增收的脆弱性 …… 85

7.2.4 资本无序扩张造成贫富分化加剧 …… 85

7.3 先行国家跨越中等收入陷阱的经验教训 …… 86

7.3.1　先行国家跨越中等收入陷阱的成功经验 …… 87
7.3.2　先行国家坠入中等收入陷阱的历史教训 …… 90
7.4　我国成功跨越中等收入陷阱的对策建议 …… 92
7.4.1　稳住存量，夯实中等收入群体的增收基础 …… 92
7.4.2　扩大增量，促进低收入群体加快向上流动 …… 93
7.4.3　提高质量，防范脆弱群体因各种原因返贫 …… 93

8　缩小收入差距实现共同富裕的路径研究 …… 95

8.1　发达国家调节收入差距的政策经验 …… 96
8.1.1　构建调节过高收入的税收政策体系 …… 96
8.1.2　制定覆盖全面基本的社会保障制度 …… 98
8.1.3　实施促进机会公平的教育就业政策 …… 100
8.1.4　完善协调区域发展的均衡发展制度 …… 103
8.1.5　建立保护弱势竞争者的制度政策 …… 105
8.2　总体思路 …… 107
8.3　阶段性目标 …… 107
8.4　具体实现路径 …… 108
8.4.1　改进维护收入分配起点公平政策 …… 109
8.4.2　优化保障收入分配过程公平政策 …… 112
8.4.3　完善促进收入分配结果公平政策 …… 115

参考文献 …… 120

附录 …… 130

后记 …… 143

1 导论

1.1 研究背景、意义及目标

1.1.1 研究背景

当前，中国特色社会主义进入新时代，在新的历史条件下，习近平总书记指出，中国式现代化是全体人民共同富裕的现代化。共同富裕是中国特色社会主义的本质要求，我国现代化坚持以人民为中心的发展思想，自觉主动解决地区差距、城乡差距、收入分配差距，促进社会公平正义，逐步实现全体人民共同富裕，坚决防止两极分化。在实现共同富裕的过程中，缩小收入差距是不得不翻过的一座大山，习近平总书记的上述讲话也强调了这一点。中国共产党中央财经委员会（以下简称“中央财经委”）第十次会议也指出，“要加强对高收入的规范和调节，依法保护合法收入，合理调节过高收入，鼓励高收入人群和企业更多回报社会”，这也凸显了缩小收入分配差距对实现共同富裕的关键作用。然而，当前我国收入差距依然较大，实现共同富裕仍然任重而道远。

收入分配不平等矛盾依旧突出。国际上衡量一个国家居民内部收入分配的常用指标是基尼系数，该系数取值范围0~1，数值越大代表收入分配不平等程度越高。一般认为，基尼系数在0.3~0.4时，贫富差距相对比较合理；基尼系数在0.4~0.5时，收入差距过大；而基尼系数在0.5以上时，社会贫富差距悬殊。国家统计局数据显示，我国基尼系数在2008年达到0.491的高点，之后逐步下降，2015年达到阶段性低点0.462，2016年又有所回升，之后小幅回落，2021年这一数值为0.466。总体上看，根据国际衡量标准，我国基尼系数常年高于0.4的“警戒线”，贫富差距过大问题依然需要高度关注。

区域间收入水平不均衡矛盾仍然凸显。当前，由于地区发展水平的差异，我国东、中、西部间居民收入的差距也比较大。国家统计局数据显示，2021年我国东部地区除海南省和河北省外，所有省份的人均GDP均超过了7万元，已经接近发达国家标准水平；与此同时，广大中西部地区和东北地区除少数几个省份（重庆市、湖北省、内蒙古自治区、陕西省和安徽省）外，绝大多数省份的人均GDP不足7万元。人均GDP最高的省份是北京市，2021年其人均GDP超过了18万元，而同期人均GDP最低的省份是甘肃省，刚迈过4万元大关，仅相当于北京市的22%左右。

城乡居民收入差距较大问题依然存在。长期以来，我国重城市发展、轻农村发展的城乡分割的二元结构是城乡收入差距加大的主要诱因。1995年，我国城乡居民收入之比为2.71∶1，到了2007年上升至3.14∶1。随着我国加快社会主义新农村建设，实施工业反哺农业、城市支持农村的方略，再到大力实施乡村振兴战略，农民的收入水平得到了显著提升，且快于城镇居民的人均收入增长，城乡居民的收入差距开始逐步缩小，特别是党的十八大以来，我国城乡居民的收入比由 2.88：1 降到了 2.5：1，缩小城乡差距初步取得了积极成效。然而，从绝对数值上看，我国城乡居民的收入差距仍然很大。2021 年，我国城镇居民的人均可支配收入为 47412 元，同期农村居民人均可支配收入为 18931 元。从国际比较来看，城乡居民收入之比最高在 2 倍左右（连玉明，2012），2021 年我国这一数值为 2.5 倍。

不同人群的收入差距拉大，财富的集中度上升。龚六堂（2021）的研究表明，20 世纪 90 年代中期，我国财富的不平等程度曾经远远低于主要西方国家，但目前已经介于欧美国家之间。他的测算表明，我国收入最高的 10%的人群与收入最低的 10%的人群的收入比自 2015 年开始持续上升，从 2015 年的 10.45 倍上升至 2018 年的 10.9 倍。根据《中国新闻周刊》在 2021 年 9 月 20 日引述瑞信银行《2021 年全球财富报告》的数据，2020 年，中国的财产收入差距的基尼系数达到了 0.704，这虽然低于美国、巴西、俄罗斯等国，但是高于日本、法国和意大利；同时，报告指出，中国财产最多的 10%的人群和财产最少的 10%人群，其财产收入差距在 2002 年约为 37 倍，到了 2013 年，这一数值已经上升至 160 倍。中国家庭追踪调查（China Family Panel Studies，CFPS）2018 年的数据测算结果显示，中国收入最低的 50%人口仅获得了总收入的 13%，而收入最高的 10%人口获得了总收入的 44%（闫冰倩，2021）。

因此，为了朝着中华民族伟大复兴的战略目标迈进，实现共同富裕的美好愿望，必须对当前我国收入差距的现状进行全面准确分析，弄清导致收入差距较大的具体原因并制定针对性的措施加以破解。

1.1.2 研究意义

目前，学术界关于国民收入分配、贫富差距和共同富裕的理论研究屡见不鲜，但对于新发展阶段下，坚持新发展理念、构建新发展格局与共同富裕之间逻辑关系的研究还不够充分，对于新发展阶段下要实现什么样的共同富裕、怎样缩小收入差距实现共同富裕仍存在值得深入探讨之处。本书的研究有助于深刻认识把握新发展阶段下共同富裕的内涵和基本特征、明确共同富裕的界定标准、提出缩小收入差距实现共同富裕的路径选择，进一步丰富和完善收入分配和共同富裕的理论研究。

从现实角度看，实现共同富裕是我们党坚持以人民为中心发展思想的具体体现，也是维护社会公平正义的现实需要。面对收入差距依然较大的现实，必须摸清制约实现共同富裕的困难障碍，破除导致收入差距拉大的难点问题，制定科学有效的应对措施。本书将着重从国民收入分配格局、城乡差距、地区差距、行业差距等角度全面完整摸清收入差距的现状，深入剖析这些差距产生的具体原因，最后为制定缩小这些差距的措施提供科学的支撑依据，从而为最终实现共同富裕提供可遵循的方法指引。

1.1.3　研究目标

通过本书的研究，拟达到以下目标：一是从理论角度梳理总结共同富裕思想的历史脉络、内涵和基本特征，以及坚持新发展理念、构建新发展格局与共同富裕之间的逻辑关系；二是从实践层面研究分析当前我国国民收入分配格局、城乡收入差距、地区收入差距、行业收入差距及其变化规律；三是对当前我国跨越中等收入阶段的发展状况进行分析，研判未来跨越中等收入陷阱可能面临的重大挑战，汲取先行国家的经验教训；四是从政策层面系统提出在新发展阶段下要实现什么样的共同富裕，以及缩小收入差距实现共同富裕的总体思路和具体路径选择。

1.2 相关文献综述

收入差距问题事关一国经济社会发展的稳定，是国内外学者普遍关注的热点问题。通过梳理学者们的研究可以发现，收入差距相关问题的研究领域主要集中在以下几个方面：

1.2.1 居民收入差距的测度

有不少国外学者，尤其是 Kaldor（1957）、Romer（1986）、Grossman（1991）、Agion（1998）、Barro（2000）和 Sala-ti-Martin（2002）等习惯用人均 GDP 差异和基尼系数来描述区域或国家间居民收入分配不均衡。国内学者中，有不少人使用传统的统计方法研究居民收入差距的变化。蔡军和李瑞（2012）以城镇居民人均可支配收入和农村居民人均纯收入之比作为中国城乡收入差距的衡量指标，用极差系数、泰尔指数和变异系数的计算结果进行综合分析，在对计算结果进行比较的基础上，找到正确衡量中国收入差距的方法。郭秀云等（2009）从横截面角度入手，分析中国四种行业划分类型下的收入数据，通过基尼系数、变异系数、泰尔指数、泰尔二次测度、对数收入的变异系数五种收入分配差异的测度指标，探讨各种情况下的收入差距的变化趋势。还有一些学者在传统方法的基础上进行了一定程度的创新，一种创新方式是构建居民收入差距的综合评价方法，如马骁等（2017）基于传统基尼系数，尝试从收入和能力两个维度，运用居民收入和发展性消费支出数据，引入反映政策制定者态度的容忍参数，建立一个既能揭示城乡收入差距演变态势，又能量化政策制定者对收入差距容忍程度的综合指标；孙敬水和汪庆芝（2012）则从经济增长、资源配置效率、收入分配公平和社会稳定四个方面构建了城乡收入差距适度性评价指标体系，提出了城乡收入差距适度性的测度方法，利用统计数据对浙江城乡收入差距适度性进行了综合评价。另一种创新方式是引入主观性评价指标，如蔡超等（2015）指出，居民对收入差距的主观评价直接影响社会协调和稳定，是衡量收入差距适度性的重要标准之一，他们以中国综合社会调查数据为基础，使用多元有序 probit 回归模型，就中国居民所处地区的客观收入差距对其收入差距主观评价的影响进行了实证分析。

1.2.2 居民收入差距的成因

导致居民收入差距的原因是复杂的，但是根据前人关于收入差距成因方面的既有研究成果，可以将其大致总结归纳为四个方面，包括政策倾斜或缺位、人力资本差异、市场机制不完善或竞争不充分，以及制度或法制不健全。

一是政策倾斜或缺位导致收入差距。林毅夫（1998）认为，中国地区间收入差距扩大的主要原因是传统体制下以扭曲要素和产品价格为特征的宏观政策环境在起作用，致使由现存的价格体系所形成的地区“经济上”的比较优势与地区“资源结构”的相对比较优势相背离。陆铭和陈钊（2004）指出，我国的非农产业是经济增长的主要源泉，所以政府大多采取一些城市倾向的经济政策来推动短期经济增长，但长期看来，这样的政策会让社会总体损失惨重，因为这会带来城乡收入差距的扩大。王小鲁和樊纲（2005）使用 1996~2002 年我国 30 个省份的年度数据，通过面板数据模型方法，对收入差距的变动及其影响因素进行检验后，得出社会保障体系的不健全、政府财政转移支付体系的目标不明确是导致收入差距扩大的主要原因。杨穗等（2013）根据我国1988~2007年的住户调查数据发现，我国社会福利制度与政策的城乡高度分化特征（城镇地区的福利水平远高于农村地区），使其缩小城乡收入差距的作用不明显。

二是人力资本差异导致收入差距。不同劳动者教育水平的差异，以及由此形成的人力资本存量积累的差异，是形成居民收入差距的重要因素。刘文忻和陆云航（2006）基于1987~2003年省级面板数据的实证分析表明，基础教育在农村的普及有利于农村地区经济部门的人力资本积累，从而有利于农村居民收入的提高和城乡收入差距的缩小。边燕杰和张展新（2002）对55个城市的居民1995年和1998年的收入和居民个体特征进行了回归研究，认为个人收入与个人受教育程度、年龄、性别、政治身份等有关系，受教育程度越高，收入越高。杨娟等（2015）的理论分析也表明，义务教育在根本上影响了收入差距和收入的代际流动性。低收入家庭对子女义务教育的投入较中高收入家庭少，其子女在义务教育阶段的人力资本积累水平较低。这直接导致了低收入家庭子女的高等教育参与率和收入水平也较低，从而导致收入差距扩大，以及收入的代际流动固化。

三是市场机制不完善或竞争不充分导致收入差距。邢成和韩丽娜（2001）认为，在经济体制转轨期间，不同地区、不同部门、不同单位的市场化程度有差异，形成相应的收入差距也是必然的。王晓英（2000）认为，行业间职工收入差距与收入分配制度的转换有很大关系。市场机制的引入使产品价格主要由市场供求关系决定，职工的工资收入与企业效益挂钩，这样在竞争中就会产生效益好的企业和效益不好的企业，从而使企业之间的职工收入产生很大差别。岳希明等（2010）应用Oaxacar Blinder分解方法对行业收入差距的影响因素进行分析，得出垄断行业和竞争行业之间的收入差距50%以上是不合理的，并且主要是由行政垄断造成的。傅娟（2008）通过分位数回归，得到垄断行业与其他行业的收入差距显著地存在于不同收入阶层，并且这种差距会随着收入层的提高而逐渐扩大，教育水平和企业盈利状况只能解释一小部分的收入差距这一结论。

四是制度或法制不健全导致收入差距。姚雪萍和余成跃（2010）从制度层面解析了我国居民收入差距扩大的原因，包括经济体制的改革和变迁、社会分配制度不完善、改革进程中制度安排不合理，以及制度缺失等因素。而制度的不健全以及相关法律的缺失又带来了寻租和设租行为、内部人控制、垄断、腐败等，变成一些人获取非法非正常收入的手段，由此成为收入差距扩大的重要因素（赵人伟，2003）。陈宗胜和周云波（2001）对1988~1997年居民非法非正常收入进行了仔细估算并研究及其对基尼系数的影响后，认为非法非正常收入的发生是导致我国当前居民收入差距非正常扩大的根本原因。王小鲁（2007）也认为，制度缺陷使本该用于低收入居民的资金通过非正当途径转移到权力相关者手中，进一步扩大了收入差距和分配不公，全国城市居民收入中没有统计到的隐性收入可能达到4.8万亿元。

1.2.3 居民收入差距的影响

一方面，居民收入差距通过影响要素禀赋结构升级进而对经济增长产生影响。Galor和Zeira（1993）认为在信贷市场不完善情况下，收入差距的扩大将使更多的穷人面临信贷约束，降低其人力资本投资。邹东涛和付丽琴（2013）认为收入差距过大，中低收入者不能共享经济发展带来的成果，消费结构难以升级，就会制约国内产业结构升级和技术创新。乔俊峰（2011）的研究表明，公平分配使韩国中等收入阶层的比例迅速增加，在1990年达到49.7%，借助庞大的中等收入阶层，韩国实现了以创新为基础的经济转变，而几乎同期的巴西由于国民收入分配极度不平衡使创新不足，经济增速缓慢，陷入中等收入陷阱。另一方面，居民收入差距通过影响社会稳定进而对经济增长产生影响。Barro（2000）认为财富和收入的不平等会使贫穷的人从事犯罪等破坏性行动，所以不平等导致的收入差距会影响社会稳定，不利于一个经济体向高收入阶段收敛。董敏杰和梁泳梅（2014）研究显示，一直持续至今的严重不平等的土地所有制导致拉美国家收入差距一直处于高水平，严重的不平等使贫困人口过多，导致出现大量的“非正规住宅”甚至“贫民窟”，使该地区成为全球社会治安最不稳定的地区之一，暴力事件层出不穷，在一定条件下可能转换为政治不稳定，抑制了投资，这是拉美长期陷入中等收入陷阱的逻辑根源之一。

1.2.4 居民收入差距与国民收入分配

著名的库兹涅茨假说就是依据收入与经济的关系提出的，随着经济的增长，收入分配也随之改变，它的变化轨迹是迅速扩大、短暂稳定、逐步缩小。然而，李雪筠（2003）的分析表明，我国从计划经济向市场经济转轨的过程中，在经济增长和改革的共同作用下，居民收入分配格局和收入差距出现了显著变化，政府、企业、居民各部门收入增长并不协调，导致居民收入差距在扩大。当务之急是建立正常的国民收入分配机制，使政府收入、企业收入和居民收入在国民收入中所占的比重保持稳定，在稳定中求平衡、求发展，建立正常的国民收入分配机制缩小居民收入差距。许冰和章上峰（2010）没有明确指出中国是否存在库兹涅茨假说，只是指出中国收入分配不平等曲线的表现形式为“过山车”，具有三个拐点，我国目前处于倒“U”形的左半部分。贾康和刘微（2010）认为，收入分配是国民经济循环过程的中间环节，前承生产，后启使用，既可以透视不同发育状态的市场机制基于“效率”所产生的分配结果，也必然反映政府维护市场以及调控、干预经济后强化社会“公平”的能力与效应。从政府“可做、应做”的主观能动性角度，一个重要事项是应当通过深化财税改革，遏制和改变“两个比重”下降和收入差距扩大趋势，优化国民收入分配格局。

1.2.5　居民收入差距与中等收入陷阱

中等收入陷阱的本质是经济增长减速或者停滞，收入差距通过影响经济增长使一国陷入中等收入陷阱。导致陷入中等收入陷阱的因素有很多，如转型失败、“福利赶超”、民主乱象、腐败多发、过早去工业化、过度城市化等，但收入差距的影响较明显。张林秀等（2014）的研究表明，1950年以来成功跨越中等收入陷阱的基尼系数平均为0.33，而陷入中等收入陷阱的国家基尼系数平均为0.46。中国的收入差距近30年不断扩大并维持在一个较高的水平，基尼系数在2000年后一直高于0.45，高于国际上通常认定的基尼系数的“警戒线”0.4，这可能会影响经济和社会发展，根据经验会对跨越中等收入陷阱非常不利。Keun Lee和Shi Li（2014）的研究把收入差距过大列为影响中国跨越中等收入陷阱的三个因素之一，而中等收入阶段的韩国尽管也经历了收入差距扩大的阶段，但过了刘易斯拐点后收入差距迅速下降，使其成功跨越中等收入陷阱，暗示中国需要缩小收入差距。贺大兴和姚洋（2014）认为收入差距主要由两方面因素引起：一是在机会平等前提下，因个人特征差异如能力和努力程度等引起；二是机会不平等的结果。陈昌兵和张平（2016）通过研究表明，中国突破中等收入陷阱的关键是促进知识部门人力资本和技术创新机制的形成，缩小收入差距是其重要措施。不断缩小收入差距，才能促进新生产要素的供给，实现创新驱动经济持续发展。

1.3 研究内容、方法和技术路线

1.3.1 研究内容

本书将按照“一个中心、五大板块”开展系统性研究，即以提出缩小收入差距实现共同富裕的路径为中心，贯穿整个研究过程；全面覆盖国民收入分配格局、城乡收入差距、地区收入差距、行业收入差距、跨越中等收入陷阱五大研究板块，通过五大研究板块得出的研究结论和政策建议，总结提炼升华出缩小收入差距实现共同富裕的总体思路和路径措施。

1.3.1.1 优化国民收入分配格局推动缩小收入差距研究

要对收入差距问题进行深入研究，必须首先通过对国民收入分配格局的分析，清晰地了解国民收入的分配流向，为优化宏观收入分配格局促进共同富裕提供科学参考。具体而言，本部分主要研究内容包括：①梳理改革开放以来我国国民收入分配制度的演变过程；②从住户部门占初次分配、再分配的比重，以及劳动者报酬所占份额的角度分析我国国民收入分配格局的变化特点并进行国际比较；③对我国现阶段国民收入分配格局的成因进行分析；提出优化完善我国国民收入分配格局的建议。

1.3.1.2 我国城乡收入差距的演变、成因及对策研究

发展中国家的内部不平等在很大限度上是由城乡差距造成的，这种差距不仅体现在收入水平上，也体现在消费水平及各种非货币衡量方面的因素上。因此，未来要想实现共同富裕，必须解决好城乡收入差距问题。具体而言，本部分主要研究内容包括：分析我国城乡收入差距及其变化特点，

并与主要经济体进行国际比较；对当前我国城乡收入差距较大的现实开展原因剖析；研究提出未来我国缩小城乡收入差距的对策建议。

1.3.1.3 我国地区收入差距变化特征、成因及对策研究

中国式现代化是全体人民共同富裕的现代化，这就要求我们要在发展中主动解决区域发展不平衡不充分的矛盾及存在的地区差距、城乡差距、收入差距等问题。因此，必须通过区域协调发展，努力缩小地区收入差距，促进共同富裕实现。具体而言，本部分主要研究内容包括：分析我国地区收入差距及其变化特点；对当前我国地区收入差距的主要成因进行剖析；研究提出未来我国缩小地区收入差距的对策建议。

1.3.1.4 我国行业收入差距变化特点、成因及对策研究

行业收入差距事关共同富裕的社会发展导向，将行业收入差距控制在合理范围，不断增强全体人民共享经济社会发展成果的获得感，是实现共同富裕的题中应有之义。具体而言，本部分主要研究内容包括：对我国行业收入差距及其演变过程进行回顾梳理；对当前造成我国行业收入差距的主要成因进行剖析；研究提出未来我国缩小行业收入差距的对策建议。

1.3.1.5 跨越中等收入陷阱推动缩小收入差距研究

扩大中等收入群体是推动共同富裕取得实质性进展的关键，共同富裕的社会应当形成中等收入群体占绝大多数的橄榄型社会结构。一个国家只有成功跨越了中等收入陷阱，才能有效扩大需求、增强经济发展动能，才能增进社会认同、实现社会和谐稳定，最终达到物质和精神的全面共同富裕阶段。具体而言，本部分主要研究内容包括：对当前我国跨越中等收入阶段的发展状况进行描述分析；分析未来我国跨越中等收入陷阱面临的主要挑战；总结梳理先行国家跨越中等收入陷阱的经验教训；提出推动我国成功跨越中等收入陷阱的对策建议。

1.3.2 研究方法

本书在研究过程中拟采用定性分析与定量研究相结合的方法开展研究。定性分析方法主要用在文献综述、对共同富裕的思想源流梳理、内涵阐述和特征描述，以及实现共同富裕具体路径提出上，定量分析方法主要用在对城乡收入差距、地区收入差距、行业收入差距、中等收入陷阱等方面的数据处理和计算分析上。

1.3.3 技术路线

针对上述研究内容和研究目标，本书拟实施的具体研究技术路线如图 1-1 所示。

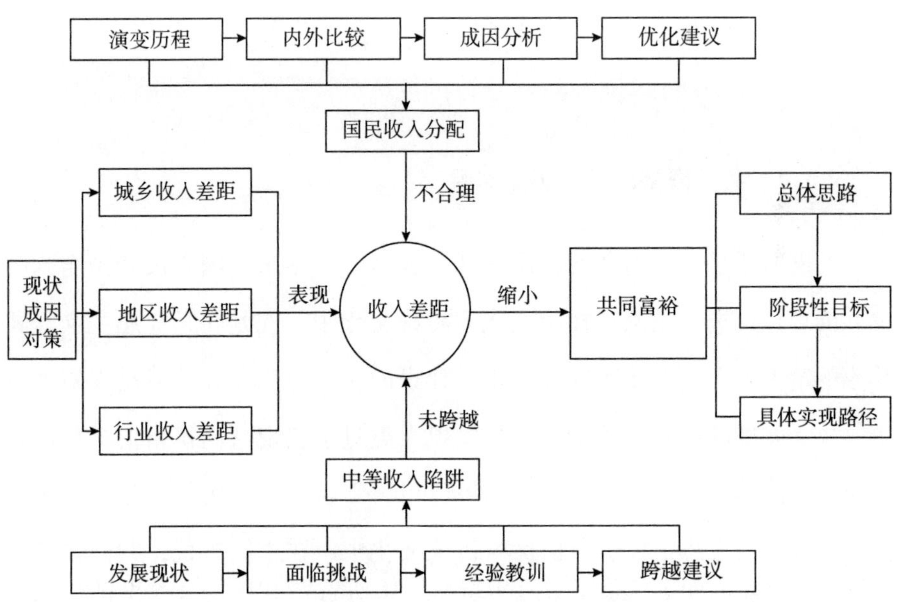

图 1-1 技术路线

2　新发展阶段下的共同富裕

2.1　共同富裕的历史渊源、内涵及基本特征

2.1.1　共同富裕思想的历史渊源

共同富裕是社会主义的本质特征，也是千百年来中国人民乃至全人类的共同理想追求。无论是在中国优秀传统文化中，或是在马克思主义经典作家的笔下，再或是在我国社会主义建设的实践过程中，抑或是在对西方资本主义发展的批判超越中，都能发现人类对于实现共同富裕的美好愿景和丰富实践。

共同富裕思想植根于中华优秀传统文化中。在中国古代，共同富裕思想更多地体现为“均贫富”理念，这与中国传统文化主张的“大同”思想和“民本”理念有着密切的关系。例如，从孔子提出的“有国有家者，不患寡而患不均，不患贫而患不安；盖均无贫，和无寡，安无倾”，到老子提

出的“天之道，损有余而补不足；人之道则不然，损不足以奉有余”；从管子的“以天下之财利天下之人”到韩非子的“论其赋税以均贫富”，无一不体现出中国古人先贤们对于共同富裕的理解和追求。

共同富裕思想体现在马克思主义经典著作之中。马克思和恩格斯虽然没有直接提出共同富裕这个概念，但是在《共产党宣言》《资本论》《反杜林论》《1857—1858年经济学手稿》等经典著作中能清晰地找到对于共同富裕的理论支撑。在《共产党宣言》中，马克思和恩格斯就提出了“自由人的联合体”思想。在另一部著作《1857—1858年经济学手稿》中，马克思和恩格斯则明确指出，资本主义社会两极分化的根源在于生产资料的私有制，因此消灭私有制是消除两极分化、实现共富的前提。马克思鲜明地提出，在未来的新社会制度中，“生产将以所有人的富裕为目的”。

共同富裕是对我国社会主义建设实践的继承发展。1953年12月16日通过的《中共中央关于发展农业生产合作社的决议》指出，逐步实行农业的社会主义改造，……并使农民能够逐步完全摆脱贫困的状况而取得共同富裕和普遍繁荣的生活。邓小平同志（1993）提出，贫穷不是社会主义，共同富裕是社会主义的本质特征；鼓励一部分地区一部分人先富起来，先富带动、帮助后富，最终达到共同富裕。江泽民同志（2006）指出，实现共同富裕是社会主义的根本原则和本质特征，绝不能动摇。党的十八大以来，以习近平同志为核心的党中央始终坚持以人民为中心，致力于消除贫困、改善民生，把逐步实现全体人民共同富裕摆在更加重要的位置，并明确提出了实现共同富裕的时间表，也就是到2025年，“全体人民共同富裕迈出坚实步伐”；到2035年，“全体人民共同富裕取得更明显的实质性进展”；到21世纪中叶，“全体人民共同富裕基本实现”（辛向阳，2022）。

共同富裕是对西方资本主义发展实践的批判超越。20世纪以来，西方资本主义国家主导的经济全球化发展出现了两种倾向，一种是财富在一国内部加速向极少数富人积聚，另一种是财富在全球范围层面加速向极少数富裕国家积聚。这两种倾向导致财富配置面临更加失衡的困境。与此同时，不少西方发达资本主义国家致力于推动“公共政策主要为国民福利而设的”高福利社会建设，在近年来全球经济增长乏力的背景下，叠加老龄化、失业、种族、政治等多重危机，其高昂的成本使这种所谓的“共同富裕”样本变得愈发不可持续。而中国推进的共同富裕，超越了“个人资本至上”和“物质增长至上”的西方现代化发展模式，能够有效破除市场经济盲目追求效率而忽视公平的痼疾；同时，中国共产党始终强调人民至上，全心全意为人民服务，而不是像西方资本主义国家政党主动迎合愈加抬头的民粹主义，不断平衡短期利益和长期利益，导致其社会撕裂和动荡，使贫富差距更加扩大。可以说，中国的共同富裕实践道路是人类文明进步的新形态，体现了中国智慧，彰显了中国担当，超越了西方发达资本主义的“高福利社会”发展实践。

2.1.2　共同富裕的内涵

我国理论界对于共同富裕概念的理解经历了一个动态发展的过程。在改革开放之前，人们对于共同富裕普遍将其理解为“同等富裕”或者“平均富裕”。改革开放后，大家对于共同富裕的理解更趋理性和深入，认为共同富裕不是绝对的平均主义，而是在富裕程度、速度、先后上存在合理差距的共同富裕。2021 年 8 月召开的中央财经委第十次会议对共同富裕问题进行了专题研究，会议指出：“共同富裕是全体人民的富裕，是人民群众物质生活和精神生活都富裕，不是少数人的富裕，也不是整齐划一的平均主义，要分阶段促进共同富裕。”因此，共同富裕首先是要发展社会生产力，使经济社会高度发展，达到发达现代化国家水平；其次是要实现人人都将拥有富裕的生活水平，这种富裕不仅是物质上的，同时也是精神上的；最

后是存在富裕水平合理差距基础上的共同富裕，是渐进式消除两极分化、缩小城乡差距的一个过程。综上所述，共同富裕是指能满足全体人民日益增长的美好物质和精神生活需要、人人都达到富裕生活水平但存在合理差距的普遍富裕。

2.1.3 共同富裕的基本特征

首先，共同富裕的基础是富裕。富裕离不开生产力水平的高度发展，当前我国已经进入新发展阶段，发展仍是解决我国一切问题的基础和关键，发展的质量决定了共同富裕的成色。共同富裕只有在坚持发展的基础之上才能实现，如果脱离了发展空谈富裕，那么实现共同富裕只能是“空中楼阁”。并且这种富裕不仅指的是物质层面的发展，还包括精神、文化、生态、社会、安全等多维度的发展，是物质文明、精神文明、政治文明、社会文明、生态文明的全面发展。因此，未来只有在全面发展的基础上促进共同富裕，不断做大、分好“蛋糕”，打好筑牢实现共同富裕的基础，才能最终实现共同富裕。

其次，共同富裕的落脚点在共同。习近平总书记曾指出，“共同富裕路上，一个也不能掉队”。因此，我们所要实现的共同富裕是全体人民的共同富裕，而不是少数人的富裕。当然，共同富裕也不是整齐划一的平均主义，而是要追求效率与公平的统一，根据每个人的个体差异和能力，不同区域的资源禀赋、发展条件，通过允许一部分人、一部分地区先富起来，营造尊重劳动、尊重创造、尊重知识、尊重人才的环境，为大多数人能通过辛勤劳动、诚实劳动、合法经营、创新创业增收致富创造条件，打通社会阶层上升通道，使城乡、区域、个人等发展差距保持在合理范围内，人人都能享受劳动致富的喜悦和成果。

最后，共同富裕具有长期性和艰巨性。共同富裕是经济社会发展的长远目标，需要分阶段有步骤推进，不可能一蹴而就。西方发达资本主义国家所推动的高福利社会建设寄希望于在一届政府任内通过迅速提高、同等提高社会福利的做法被证明产生了严重的副作用，导致这些国家经济社会背上了沉重的负担，发展的可持续性面临严峻挑战。当前，我国仍处于社会主义的初级阶段，发展的不平衡不充分问题仍然突出，城乡间、区域间、个体间收入差距依然较大，必须因时因势因地制宜设定发展目标，既不搞“齐步走”，也不做“过头事”，递进式推进共同富裕进程，通过不断量变的积累最终带来质变的飞跃，不断朝着共同富裕的最终目标迈近。

2.2　新发展理念与共同富裕

新发展阶段、新发展理念、新发展格局是党在新的历史条件下形成的最新理论创新成果，三者是相互依存、有机统一的整体。习近平总书记曾经对三者的关系进行了清晰的论述，他指出：“进入新发展阶段明确了我国发展的历史方位，贯彻新发展理念明确了我国现代化建设的指导原则，构建新发展格局明确了我国经济现代化的路径选择。把握新发展阶段是贯彻新发展理念、构建新发展格局的现实依据，贯彻新发展理念为把握新发展阶段、构建新发展格局提供了行动指南，构建新发展格局则是应对新发展阶段机遇和挑战、贯彻新发展理念的战略选择。”在新发展阶段条件下实现共同富裕的进程中，贯彻新发展理念是扎实推进共同富裕的先决条件，具有不可忽视的重要指导作用。

创新为共同富裕夯实物质基础。扎实推进共同富裕首先要解决的就是做大、分好“蛋糕”的问题，为实现共同富裕创造雄厚的物质基础。在此过程中，创新作为一个民族进步的灵魂和引领生产力发展的第一动力（罗理章和林文康，2022），在其中发挥着不可替代的关键作用。实现共同富裕，就是要通过创新提升经济发展的质量和成色，不断解放和发展生产力，在发展中保障和改善民生，做大、分好“蛋糕”，为扎实推动共同富裕提供源源不竭的动力。一方面，必须通过理念创新、机制创新、科技创新等方式，充分发挥出创新对于促进经济高质量发展、突破“卡脖子”技术、扩大中等收入群体的重要作用；另一方面，要将创新思维贯穿于共同富裕的各个环节、各个方面，通过鼓励勤劳创新致富，给更多人创造致富机会，形成人人参与致富的发展环境，打通低收入人群的上升通道，真正促进共同富裕。

协调为共同富裕破解发展不平衡问题。党的十九大对我国社会主要矛盾的变化作出了新的判断，指出当前人民日益增长的美好生活需要和不平衡不充分发展之间的矛盾是社会主要矛盾。人民日益增长的美好生活需要当然包括了实现共同富裕的美好愿望，因此发展不平衡问题成为扎实推动共同富裕必须解决的问题。坚持协调发展，就是要统筹处理好区域差距、城乡差距、行业差距等不平衡问题，妥善处理经济社会发展中效率与公平、增长速度与发展质量之间的关系问题，促进社会各阶层、各行业协调发展。当然，强调协调发展也不是搞绝对的平均主义，更不是“劫富济贫”式的脱离实际的同等富裕，而是更加注重发展机会公平，更加注重资源分配均衡，更加注重物质、精神、政治、社会、生态等全面协调发展，防止出现“两极分化”和过度注重物质发展的倾向，公平合理地分好“蛋糕”。

绿色为共同富裕搭建人与自然和谐发展之路。共同富裕的社会必然是人与自然和谐共生的社会，绿色发展不但能够满足人民对于清新空气、洁净饮水、安全食品、优美环境、良好生态等更高要求美好生活的需要，同时也能为经济欠发达地区走生产发展、生活富裕、生态良好的绿色增收之路提供有效途径。生态环境是最公平的公共产品，每个人都是生态环境的保护者、建设者和参与者。在实现共同富裕的目标过程中，必须坚持绿色发展不放松，构建以政府为主导，企业为主体，社会组织和广大公众共同参与的环境治理体系，提高绿色发展的自觉性和主动性，推动社会生产和人民生活的绿色转型，充分发挥出生态农业、生态工业、生态旅游等生态经济优势，让绿色发展成为经济高质量发展的鲜明底色（朴今姬，2021），以绿色促发展、以绿色促增收，在人与自然和谐共生的环境下实现共同富裕。

开放为共同富裕注入外部发展动力。共同富裕不是闭关锁国的封闭式富裕，开放发展的最终目的是增强国民经济实力，为实现共同富裕创造良好的财富基础。自改革开放以来，我国经济已经深深融入全球经济体系当中，我国已经成为世界 120 多个经济体的最大贸易伙伴，同时是全球第一大货物贸易国和第二大服务贸易国，货物进出口总值已经超过 30 万亿元，外贸带动的相关就业人数超过了 1. 8 亿（缪锦春和易华勇，2022）。这充分说明，开放发展已经成为我国经济社会发展的重要推动力。在实现共同富裕的进程中，必须继续坚持高水平对外开放，在开放合作中实现国内外优势互补，构建以国内大循环为主体、国内国际双循环相互促进的新发展格局，将国外先进的发展理念、发展科技引入国内，同时积极“走出去”，培育参与国际合作竞争的新优势，解决好国民经济发展的内外联动问题，为实现全体人民共同富裕注入外部发展动力。

共享为共同富裕提供根本指向遵循。共享发展是实现共同富裕的路径，共同富裕是共享发展的最终目标，两者具有高度的契合性（陈中，2022）。党的十八届五中全会提出，坚持共享发展，必须坚持发展为了人民、发展依靠人民、发展成果由人民共享，作出更有效的制度安排，使全体人民在共建共享发展中有更多获得感，增强发展动力，增进人民团结，朝着共同

富裕方向稳步前进。可以说，共同富裕是建立在全民共享、全面共享、共建共享基础上的共同富裕，离不开全体人民的共同奋斗、共同合作、共同创造和共同智慧，必须持续激发人民群众共同追求富裕的内生动力；同时，共同富裕也是不断增强全体人民的获得感、公平感、幸福感、安全感的共同富裕，要让全体人民群众的生活水平在全面建成小康社会的基础上继续稳步提升，强调过程公平和机会公平，推动人的自由全面发展，解决好收入分配差距过大问题，坚持以共享为归宿和以共建为路径的内在统一。

2.3 新发展格局与共同富裕

2020年党的十九届五中全会通过的《中共中央关于制定国民经济和社会发展第十四个五年规划和二〇三五年远景目标的建议》明确提出，要加快构建以国内大循环为主体、国内国际双循环相互促进的新发展格局。构建新发展格局与实现共同富裕是相辅相成、有机统一、和谐互动的。新发展格局的构建为实现共同富裕提供了物质基础和根本保障，而实现共同富裕也为加快构建新发展格局提供了发展方向和目标指引。

一方面，构建新发展格局要求畅通国民经济循环，推动经济高质量发展，这是实现共同富裕的重要途径。当前，我国正面临百年未有之大变局，国内国际环境正在发生深刻复杂变化，党中央提出加快构建新发展格局是应对内外部环境变化的主动战略选择，客观上也促进了向共同富裕目标迈进。首先，构建新发展格局要求坚持深化供给侧结构性改革，提升科技创新能力，不断推动产业结构优化和转型升级，增强产业链供应链关键环节和关键领域的自主性和可控性，提升供给体系的适应性和韧性，更好满足需求侧的变化，实现供给和需求在更高水平和层次上的动态均衡，更好满足人民美好生活的需要。其次，构建新发展格局要求建设国内统一大市场，建立起扩大内需的有效制度，不断释放国内需求潜力，加快培育完整的内需体系，更好满足实现共同富裕进程中国内消费需求扩张和消费结构升级对高端优质产品服务、特色品牌产品服务和个性化定制化产品服务的需求。最后，构建新发展格局还要求统筹好国内国际两种资源、两个市场，不搞封闭的国内小循环，进一步提升对外开放的层次和水平，重塑我国参与国际合作和竞争的新优势（朱克力，2021），以国内国际双循环相互促进提升国内大循环的效率和水平，更好地利用国际资源发展我国先进生产力，为增强共同富裕的物质积累和储备奠定基础。

另一方面，实现共同富裕要求缩小贫富差距，扩大中等收入群体，这是构建新发展格局的必然选择。构建以国内大循环为主体、国内国际双循环相互促进的新发展格局，要求不断扩大内需，建立以最终消费为主导的国民经济体系结构。由于存在边际消费倾向递减规律，相对于高收入人群而言，提高中低收入人群的收入水平对于消费的增加效应将更加明显。增加低收入群体收入，扩大中等收入群体规模，合理调节过高收入并取缔非法收入，能够极大地释放我国的消费潜力，扩大国内消费需求（郭雅媛，2022）。因此，如果能实现共同富裕，将收入差距控制在一定的合理范围之内，对于消费的扩大、经济的增长、新发展格局的构建都将起到关键作用。此外，通过促进全体人民共同富裕，提高经济欠发达地区居民、中低收入人群和农村地区居民的收入水平，能够为填补甚至扩大高收入人群消费结构升级后遗留下来的“市场空白”提供有效的收入支撑，有利于弥补城乡之间的消费断层；同时，也能为产业结构适应需求转型升级、延长产业发展的生命周期，进一步打通国内产业循环、市场循环和经济社会循环提供

有力支撑，而国内循环的畅通又会对畅通国际循环、发挥其对国内大循环的良性互动作用提出新的更高层次的要求（姜长云，2022），由此，在实现共同富裕的进程中加快完成对新发展格局的构建。

3 国民收入分配格局与共同富裕

收入分配格局决定了经济社会发展成果的共享方式与结果。收入分配格局既包括宏观层面的国民收入分配格局，也包括微观层面的居民收入分配格局。其中，国民收入分配格局不仅是收入分配的基石和起点，同时也是微观收入分配的加总和反映（孙婧芳，2021）。国民收入分配格局从考察国民收入在企业、政府、住户三大部门间分配的角度，研究住户部门参与国民财富分配的分享程度，同时也考察了国民收入在劳动和资本要素间的分配比例。因此，通过对国民收入分配格局的分析，可以清晰地了解国民收入的分配流向，从而为优化宏观收入分配格局促进共同富裕提供科学参考。

3.1 改革开放以来我国国民收入分配制度的演变

改革开放以来，我国持续推进收入分配制度改革，经历了从打破平均主义“大锅饭”、重新确立按劳分配原则到坚持按劳分配为原则、完善按要素分配的体制机制阶段。适应社会主义市场经济体制的国民收入分配制度日臻完善，税收、社会保障、转移支付等再分配手段对国民收入分配的调节功能作用日益显现。

3.1.1 重新确立按劳分配原则阶段（1978~1992年）

在改革开放以前，我国实行的是计划经济体制，并建立了与之相配套的计划分配方式，分配结果在很大程度上是平均化的，这虽然能够避免贫富差距的扩大，但同时降低了劳动者的积极性，不利于提升劳动效率、促进经济增长，进而影响国民财富积累。自1978年改革开放至1992年党的十四大以前，我国进行了一系列经济体制改革，包括分配制度的改革。

改革首先从农村地区发端，最鲜明的特征是改变了以往土地集中经营统分统配的分配制度，被家庭联产承包责任制为中心的新的生产经营方式取代。“交够国家的、留足集体的、剩下的都是自己的”，是不少人对家庭联产承包责任制下的收入分配方式的通俗概括。这种承包责任制从根本上改变了集体统一经营时分配与个人劳动贡献脱钩的状况，将农民生产经营活动与成果分配直接联系在一起，极大调动了广大农民的生产积极性，从而促进了农业劳动生产率的极大提升，农民收入增长快于城市居民。

在农村家庭联产承包责任制实施取得成功后，城市地区借鉴其基本经验，建立以承包为主的多种形式的经济责任制。对企业职工的工资采取调整与改革相结合和“两挂钩”“一浮动”的方针，也就是调整工资和企业的经济效益挂钩、与职工的个人劳动成果挂钩，升级后继续考核两三年，合格后予以固定，否则把级别降下来（杨耀东，2008）。此后，随着经济体制改革的不断推进，还出现了个体经济、私营经济、股份制等所有制形式和成分，相应地，以按劳分配为主体、其他分配方式为补充的分配制度逐步确立。

总体而言，这一时期处于从计划经济体制向市场经济体制转轨时期，重新确立了按劳分配原则，肯定了其他分配方式的合理存在，但其他分配方式还处于从属和补充地位。

3.1.2　允许生产要素参与分配阶段（1993~2012 年）

党的十四大明确提出要建立社会主义市场经济体制，这标志着我国社会主义现代化建设和经济体制改革进入了一个新的时期。相应地，为了适应社会主义市场经济体制变革，收入分配改革也进入了一个新的历史阶段。在这一时期，收入分配方面主要实行的是坚持以按劳分配为主体、多种分配方式并存的分配制度，并且提出要把按劳分配和按生产要素分配结合起来。党的十六大进一步提出，确立劳动、资本、技术和管理等生产要素按贡献参与分配的原则，完善按劳分配、多种分配方式并存的分配制度，既明确了劳动在创造财富过程中的决定性作用，又肯定了非劳动生产要素在财富创造中的重要作用。

与此同时，还大力加强再分配调节机制建设，努力防止收入差距扩大。首先，充分发挥税收调节功能作用，完善个人所得税、消费税、财产税等一系列税种。其次，全面建立社会保障制度，颁布实施了《国务院关于建立统一的企业职工基本养老保险制度的决定》《国务院关于建立城镇职工基本医疗保险制度的决定》《失业保险条例》《城市居民最低生活保障制度条例》等一系列政策文件。最后，更加注重社会公平，党的十四届三中全会首次提出效率优先、兼顾公平的原则，党的十六届五中全会提出要特别关注就业机会和分配过程的公平，党的十七大进一步要求在初次分配过程中也要处理好效率和公平的关系。

总体而言，这一时期处于社会主义市场经济体制逐步建立和完善时期，明确了生产要素按贡献参与分配的问题，更加强调兼顾效率和公平问题。

3.1.3 完善按要素分配体制机制阶段（2013年至今）

党的十八大以来，我国收入分配制度改革进入了一个新的历史时期。党的十八大报告提出了关于收入分配改革“两个同步”和“两个提高”的目标，也就是要努力实现居民收入增长和经济发展同步、劳动报酬增长和劳动生产率提高同步，提高居民收入在国民收入分配中的比重，提高劳动报酬在初次分配中的比重（张亮，2019）。党的十八届三中全会进一步明确提出“健全资本、知识、技术、管理等由要素市场决定的报酬机制”，并进一步要求“清理规范隐性收入，取缔非法收入，增加低收入者收入，扩大中等收入比重，努力缩小城乡、区域、行业收入分配差距，逐步形成橄榄型分配格局”。党的十九大再次明确提出，坚持按劳分配原则，完善按要素分配的体制机制，促进收入分配更合理、更有序，履行好政府再分配调节职能，加快推进基本公共服务均等化，缩小收入分配差距。

总体而言，这一时期党和政府从分配制度建设、完善社保制度、打击非法收入、规范竞争秩序、推进扶贫攻坚等数方面着手，在健全由要素市场决定的报酬机制的同时，坚持共享发展理念，着力让人民共享发展成果。

3.2 我国国民收入分配格局的变化特点及国际比较

通过相关数据对我国国民收入分配格局的变化趋势进行分析，主要得出以下四个方面的结论：

3.2.1 住户部门在初次分配中的比重先下降后有所提高

资金流量分析是研究国民收入分配的重要方法。1992 年，国家统计局、中国人民银行、中华人民共和国财政部、中华人民共和国国家计划委员会联合下发《关于编制资金流量表的通知》，并于同年由国家统计局和中国人民银行召开全国资金流量核算工作会议，标志着资金流量核算工作正式开展（张车伟和赵文，2020）。因此，本书的数据分析以 1992 年作为起始年份。通过分析企业、政府、住户部门初次分配收入比重变化数据可以发现，收入分配大致可以分为 1992~2008 年和 2008 年之后两个阶段。1992~2008 年，住户部门收入份额总体上呈现出下降趋势，从 1992 年的 65.47%降至 2008 年的 56.99%，而同期企业部门收入份额从 23.56%升至 28.92%，政府部门的收入份额由 10.96%升至 14.09%。2008 年之后，住户部门的收入份额开始逐渐上升，由 2008 年的 56.99%升至 2020 年的 62.04%，但尚未回到 1992 年的水平，与之相应的是政府部门在国民收入中的份额出现了下降，企业部门份额则保持相对稳定（见表 3-1）。

表 3-1 1992~2020 年企业、政府与住户部门初次分配收入比重 单位:%

年份	企业部门	政府部门	住户部门
1992	23.56	10.96	65.47
1993	26.67	11.34	61.99
1994	25.19	10.53	64.28
1995	25.90	9.95	64.15
1996	21.76	11.38	66.86
1997	23.09	11.69	65.23
1998	22.04	12.15	65.82
1999	22.28	12.58	65.14
2000	22.26	12.80	64.94

续表

年份	企业部门	政府部门	住户部门
2001	23.46	13.01	63.53
2002	23.61	14.27	62.11
2003	25.51	13.76	60.73
2004	27.41	14.08	58.51
2005	27.73	14.26	58.02
2006	27.94	14.48	57.59
2007	28.10	14.45	57.46
2008	28.92	14.09	56.99
2009	28.04	14.15	57.81
2010	27.99	14.88	57.13
2011	26.55	15.40	58.05
2012	25.39	15.82	58.79
2013	25.21	15.18	59.61
2014	25.24	15.20	59.56
2015	24.54	14.73	60.74
2016	25.00	14.06	60.94
2017	25.61	13.41	60.98
2018	26.10	12.77	61.13
2019	25.91	12.67	61.42
2020	26.88	11.08	62.04

资料来源：国家统计局《中国统计年鉴 2022》。

3.2.2 再分配对国民收入分配格局的调节作用有待加强

在初次分配国民收入的基础上，政府还可以采用经常转移的形式对初次分配收入进行再分配，由此形成的结果构成了各个部门的可支配收入。国家统计局数据分析表明，与初次分配相类似，可支配收入在各部门间的比例关系变化大致也可以 2008 年为界划分为前后两个阶段。1992~2008 年，住户部门在可支配收入中的份额总体也呈现下降趋势，从1992年的68.09%降至2008年的55.48%，企业部门和政府部门的可支配收入份额总体呈上升趋势。2008年之后住户部门占可支配收入份额逐渐回升，2020年达到62.21%，较2008年上升了近7个百分点，同期政府部门可支配收入份额在2012年达到峰值后下降，企业部门可支配收入份额在2013年达到阶段性低谷后小幅回升（见表3-2）。通过比较国民收入可支配和初次分配各部门所占份额之后可以发现，住户部门所占份额变化不大，而相较于初次分配，政府部门的可支配份额增加了，企业部门的可支配份额减少了，说明再分配过程主要使企业部门的收入转移到了政府部门，对住户部门的收入分配再调节作用不明显，有待进一步加强。

表3-2　1992~2020年企业、政府与住户部门可支配收入比重　单位:%

年份	企业部门	政府部门	住户部门
1992	19.02	12.89	68.09
1993	22.83	12.92	64.25
1994	21.96	11.83	66.21
1995	22.37	11.72	65.92
1996	18.19	13.25	68.56
1997	18.98	13.61	67.41
1998	19.00	13.60	67.40
1999	20.72	13.82	65.46
2000	20.48	14.49	65.03
2001	21.00	15.63	63.37
2002	21.39	16.90	61.71
2003	23.16	16.69	60.14
2004	24.81	17.29	57.89
2005	24.81	18.14	57.04
2006	24.75	18.70	56.55

续表

年份	企业部门	政府部门	住户部门
2007	24.57	19.76	55.67
2008	25.10	19.42	55.48
2009	24.56	19.03	56.41
2010	24.73	19.60	55.67
2011	22.74	20.57	56.69
2012	21.26	21.37	57.36
2013	20.89	20.95	58.16
2014	21.07	20.95	57.97
2015	20.19	20.68	59.13
2016	20.77	19.78	59.45
2017	21.45	19.62	58.93
2018	21.91	18.72	59.37
2019	21.88	17.81	60.31
2020	22.93	14.87	62.21

资料来源：国家统计局《中国统计年鉴 2022》。

3.2.3 劳动者报酬在国民收入中的份额仍有继续提升空间

根据学者们关于劳动者报酬在国民收入份额测算的已有研究，主要有两种计算方法：一种是根据各省份公布的劳动者报酬加总计算得出汇总的劳动者报酬，再除以收入法计算加总的各省份 GDP 之和可以得到劳动者报酬在国民收入中的份额（算法 1）；另一种是用城镇居民的人均可支配收入乘以城镇人口数加上农村居民的人均可支配收入（2013 年之前为人均纯收入）乘以农村人口数再除以 GDP，也可以粗略得到劳动者报酬在国民收入中的份额（算法 2）。通过计算后发现，采用不同方式计算得出的劳动者报酬占国民收入份额虽有所差异，但走势变化基本一致。两种计算方式下，劳动者报酬份额占比都是呈现先下降后有所回升的走势，分别在 2007 年和 2010 年达到阶段性低点，之后回升，但还没有达到下降前的水平（见图 3-1）。

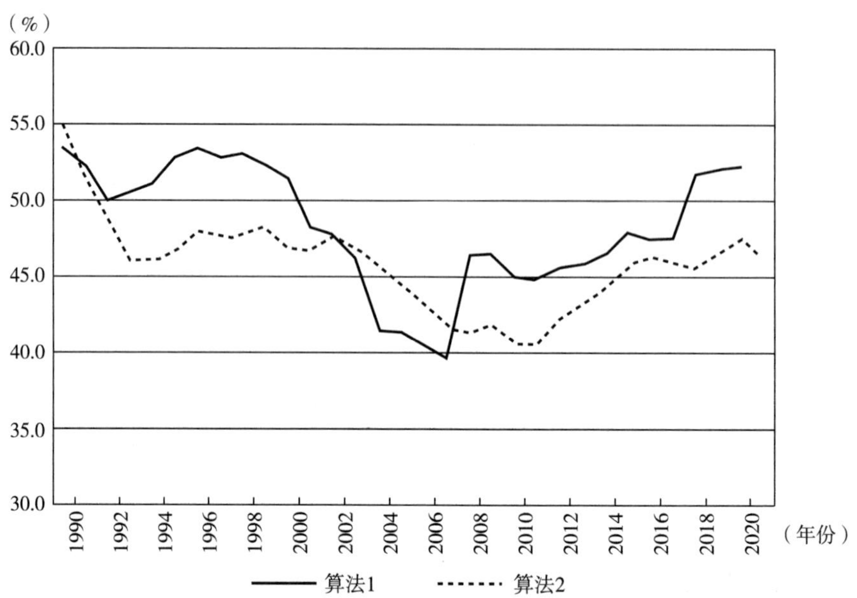

图 3-1　1990~2020 年两种计算方式下劳动者报酬在 GDP 中的比重

资料来源：国家统计局。

3.2.4　国际比较显示我国住户部门和劳动者报酬占国民收入比重相对偏低

从 2018 年的国际横向比较看，我国住户部门在初次分配收入中的比重为 61.1%，远低于美国的 79.6%，也低于英国的 74.3%、德国的 73.2%、法国的 68.4%和日本的 63.2%，比韩国的 60.5%略高。住户部门在可支配收入中的比重为 59.4%，远低于美国的 75.9%，与德国和法国的水平相当（分别为 59.6%和 60.4%），高于日本的 57.2%、韩国的 54.0%。从劳动者

报酬占国民收入的比重来看，2018 年我国这一数值为 51.8%，低于德国的 55.2%、英国的 53.4%、法国的 52.5%、美国的 53.2%，与日本的一致，高于俄罗斯的 46.0%、巴西的 43.6%和南非的 47.6%，但我国在统计劳动报酬时不但包括了雇员的劳动报酬，也包括了自雇劳动者混合收入的劳动报酬，使劳动报酬在国民收入所占份额相比其他国家而言有所高估，因此我国劳动者报酬占国民收入的实际份额会比统计数据计算所得更低一些（见图 3-2 和图 3-3）。

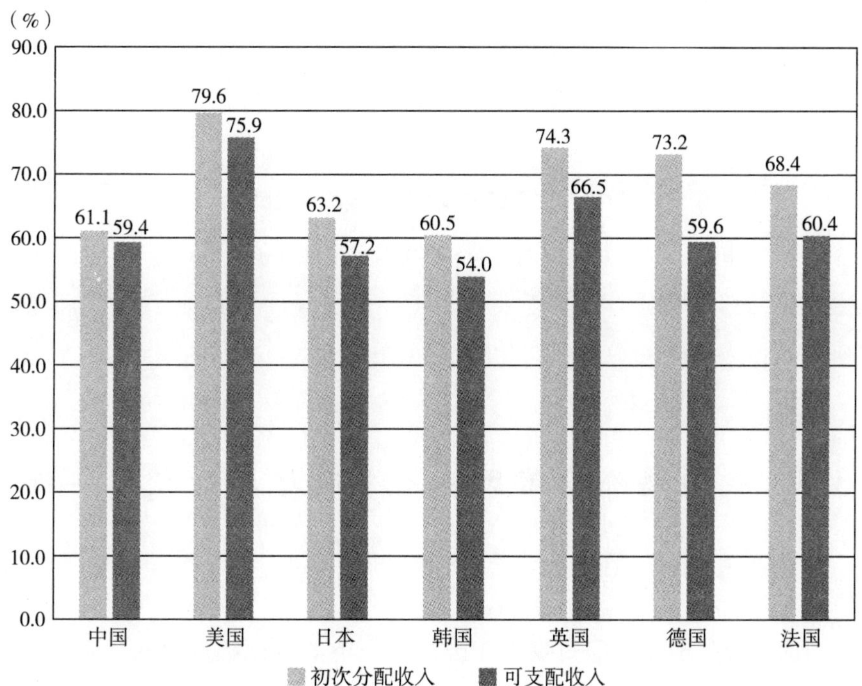

图 3-2　2018 年主要经济体住户部门初次分配和可支配收入占国民收入比重

资料来源：中国数据来自国家统计局，其余国家数据来自 OECD 数据库。

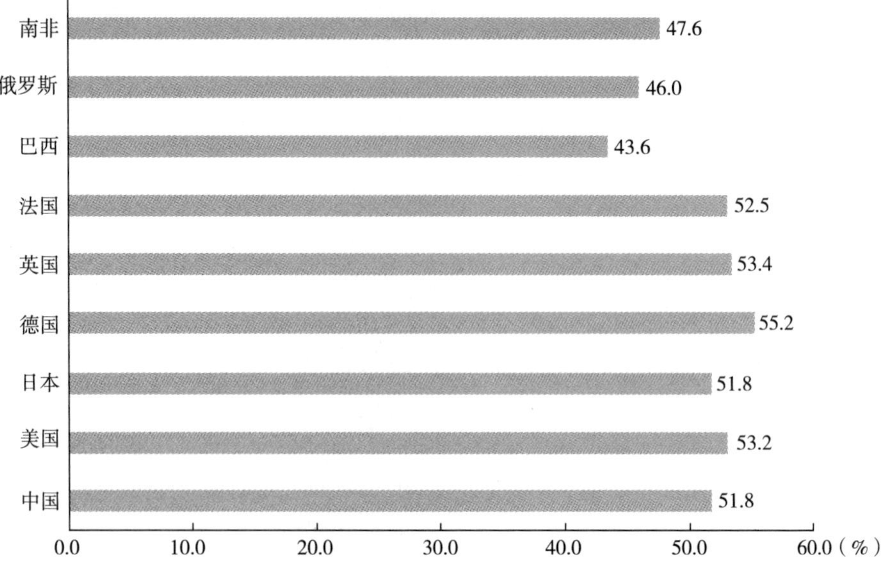

图 3-3　2018 年主要经济体劳动者报酬占国民收入比重

资料来源：中国数据来自国家统计局，其余国家数据来自 OECD 数据库。

3.3　我国现阶段国民收入分配格局的成因分析

当前造成我国住户部门收入在国民收入中的占比相对偏低，而企业部门和政府部门占比相对较高这一格局的原因是多方面的，既有经济因素，也有社会体制因素。

3.3.1　劳动报酬增长相对缓慢是主要因素

我国在很长一段时期内实行的是计划经济体制，在计划经济体制下，国家为了迅速发展壮大国民经济而实行了抑制消费、扩大积累的政策，劳动者的所得并非真实的劳动付出，劳动报酬占国民收入的比重被人为压低。改革开放后，虽然我国已经转向了社会主义市场经济体制，然而计划经济时期遗留下来的收入分配机制仍在起作用，劳动力要素价格仍然被扭曲，没有真正发挥价格信号在资源配置中的调节作用，导致依然存在劳动生产率增长与劳动者报酬增长不同步问题，致使劳动者报酬在国民收入中的比重长期偏低。劳动者报酬是居民收入的主要来源，因此作为居民收入主体的劳动者报酬增长相对缓慢必然会影响居民收入的增长，从而造成居民收入在国民收入中的占比持续偏低。2009 年以来，随着劳动力供需状况改变和要素市场化改革的不断推进，劳动者报酬增长速度有所加快，居民收入在国民收入中的占比有所回升，但与主要发达国家相比仍然偏低。

3.3.2 再分配调节力度不够是关键因素

一是税收制度不完善。长期以来，我国税收制度偏重于强调流转税的增收，而忽视了财产保有阶段的税制，由于流转税具有较强的可转嫁性，虽然其纳税主体主要是企业，但是最终承担大部分税费的却是居民。因此，以流转税为主导的税制模式下虽然有利于筹集财政资金，但是导致其调节收入分配差距方面的职能大打折扣，容易将居民部门的收入转移给企业部门。二是社会保障体系不健全。社保支出占财政支出的比重仍然偏低，2021 年中国社保支出占财政支出的比重仅为 13.7%，极大低于西方国家。社保支出占国内生产总值的比重也相对较低，2021 年这一数值为 2.96%，较 2020 年下降了 0.25 个百分点。在失业救助、失业保障的制度构建方面落后于整体社会保障制度建设。除此之外，我国社会保障制度还存在覆盖范围不够、对低收入群体保障不足、新就业形态劳动者缺乏保障等一系列问题。三是对非法收入监管不足。当前我国经济社会发展仍处于快速转型时期，在新业态发展的同时必然会出现一些漏洞和模糊地带，为少数人暴富提供了机会，而目前对新兴业态的监管往往难以及时跟上，也导致偷税漏税问题突出，制约了税收调节功能的发挥。

3.3.3 财产性收入增加有限是重要因素

相比发达国家，我国资本市场发展程度不足，居民投资选择有限，导致居民仍然以工资或劳务报酬为主要的获取收入方式。国家统计局数据显示，2021 年全国居民人均可支配收入为 35128 元，其中财产净收入为 3076 元，在四类收入中占比最低，仅为 8.8%。我国居民家庭金融资产配置结构依旧比较单一，近九成的金融资产集中于现金、活期存款和定期存款（在经济合作与发展组织（OECD）成员国中，这一比重超过 60%的国家仅有三个），而居民储蓄和银行理财产品的回报率总体处于较低水平（詹静楠和吕冰洋，2022）。同时，我国金融产品投资受金融市场震荡影响较大，股票、期货、黄金、外汇市场收益波动较大，互联网金融投资渠道仍有较大安全风险，居民投资热情减弱。农村金融制度不完善、金融市场发育不足、土地制度不完善、土地权属不清晰、产权交易市场还未充分形成、农民理财观念仍旧较为落后等依然是农民财产性收入增长的重要障碍。因此，居民财产性收入增收有限也导致住户部门收入占国民收入的比重难以得到有效提高。

3.3.4 资本全球化快速扩张是外部因素

资本的流动性强造就了资本的全球化属性，相对于劳动力而言，资本的大规模国际流动使资本具备更强的讨价还价能力，从而有利于资本回报的提高，而不利于劳动收入的提高。在地方政府为了经济增长而展开吸引资本投资的竞争中，为了最大限度地发挥低廉的劳动力价格可以使本地企业在激烈的市场竞争中赢得比较价格优势，会有冲动出台一些不利于劳动保护而有利于资本获取收益的政策，以吸引资本进入本地，从而使劳动力收入长期维持在较低水平（张车伟和张士斌，2010）。从吸引外资和劳动份额的变化情况看，商务部数据显示，2002~2008 年，随着我国加入世界贸易组织深度融入全球经济体系，实际利用外资金额也大幅增长，从 2001 年的 496.7 亿美元增加至 2008 年的 952.5 亿美元，增长接近 1 倍；与此同时，劳动者报酬占 GDP 的比重却从 2001 年的 48.2%下降到 2007 年的 39.7%。由此也可以看出，资本的大量流入带来了我国经济的快速增长，也给资本带来了丰厚的回报，却没有带动劳动报酬份额的上升。2008 年随着国际金融危机爆发，资本的全球快速扩张受到抑制，这种局面才逐渐有所扭转。

3.4 优化完善我国国民收入分配格局的建议

为了更好地让人民群众共享更多的国民经济发展成果，促进共同富裕，建议从以下几个方面着手优化完善我国国民收入分配格局：

3.4.1 进一步推动国民收入分配向住户部门倾斜

正确处理国家、企业、居民三者关系，加强收入分配宏观调控，建立健全有利于居民收入合理增长和缩小收入分配差距的体制机制。逐步减少税收、非税收入在国民收入分配中的比重，进一步规范企业参与分配的行为，国家减税降费应当从面向企业转变为面向居民，切实减轻居民负担。降低初次分配与再分配过程存在的政府偏向，控制生产税净额的规模。在收入税和社会保险缴款等转移收入增加的同时，扩大社会保障等转移性支出，适度减少政府获得的经常转移净收入。

3.4.2　进一步提高劳动报酬在初次分配中的比重

坚持实施就业优先政策，不断创造更多就业机会，增加就业人数，提高就业率，为城乡居民增收打好基础。鼓励劳动者自主创业，扶持个体经营者，支持“三农”发展，充分激发创业、创新、创富的动力和活力，让更多就业者变成创业者。鼓励勤劳守法致富，不断增加劳动者特别是一线劳动者劳动报酬，创造更加公平的竞争环境。完善职工工资水平决定机制、正常增长机制、支付保障机制，健全企业工资集体协商制度，促进劳动者工资随个人技能和贡献、经济增长和物价水平同步增长。

3.4.3　进一步增强税收和社会保障的再分配调节作用

适当减少增值税、消费税等以商品和劳务流转课税的间接税种并降低其比重，逐步增加企业所得税、个人所得税等以收入课税的直接税种并增加其比重，对垄断行业职工高工资和不合理在职消费进行限制（周慧和岳希明，2019）。要进一步完善综合与分类相结合的个人所得税制度，完善费用扣除标准，提高富裕群体所得税税率，努力减轻中低收入群体的税赋负担。加强对非常态高收入群体收入、财产、财富的监管，不断加强反腐力度，打击和取缔权力寻租等。不断扩大社会保障覆盖面，把就业保障、职业伤害保障的覆盖范围扩展到全体劳动者。整合城乡居民养老、医疗和最低生活保障制度，逐步提高低保标准，完善失业和工伤保险制度。加大政府转移支付力度，继续发挥转移支付对低收入群体的收入支撑作用。

3.4.4　进一步多渠道拓宽增加居民的财产性增收空间

继续规范资本市场，重视保护投资者特别是中小投资者合法权益，通过创新金融体系、强化投资理财渠道监管、规范交易方式、探索网络交易模式，让居民拥有更为多样的金融理财工具和产品。完善农村土地流转机制，促进农村土地流转和集体建设用地入市，拓宽农村居民财产性增收渠道。尊重人力资本价值，加强知识产权保护，提高科研成果转化和智力资本收益。拓宽理财和投资渠道，增加居民在储蓄、债券、保险、外汇等方面的理财收益，为居民获得和拥有更多财富创造条件。积极开发国际市场资源，提高居民来自国外的财产净收入，提高境外资产配置收益率。

4　城乡收入差距与共同富裕

在2021年中央财经委员会第十次会议上，习近平总书记指出："促进共同富裕，最艰巨最繁重的任务仍然在农村。农村共同富裕工作要抓紧。"当前，我国收入不平等主要体现在城乡收入差距上，要想实现全体人民的共同富裕，必须缩小城镇居民与农村居民的收入差距（杨浩和蓝红星，2022）。经济合作与发展组织的研究也表明，发展中国家的内部不平等在很大程度上是由城乡差距造成的，这种差距不仅体现在收入水平上，也体现在消费水平及各种非货币衡量方面的因素上。因此，未来要想实现共同富裕，必须解决好城乡收入差距问题，找出导致城乡收入差距较大的深层次原因，才能从根本上扭转城乡收入差距过大的局面，推进农业农村共同富裕。

4.1　我国城乡收入差距及其变化

关于城乡收入差距的理论研究最早可以追溯至库兹涅茨在1955年所提

出的倒“U”形假说。他经过对 18 个国家经济增长与收入差距实证资料的分析，在阐述了经济增长与收入分配的关系变化后指出，在经济发展过程刚开始时，尤其是在国民人均收入从低水平上升至中等水平时，收入分配状况趋于恶化；随着经济的进一步发展，将经历收入分配暂时无大变化的时期；最后在经济逐步达到充分发展阶段的过程中，收入分配状况逐渐改善并趋于平等。总体而言，呈现一种倒“U”形的发展趋势。自从该假说提出之后，不少学者就其合理性进行了各种验证和分析，一些学者研究发现，库兹涅茨曲线不符合发展中国家的实际情况，也就是说随着经济发展，发展中国家的收入不平等状况并未出现改善，而是向着越来越悬殊的方向前进（郭燕等，2022）。作为世界上最大的发展中国家，我国收入差距的变化情况是否会沿着库兹涅茨所提出的倒“U”形曲线发展演进是需要深入探讨的问题，首先需要对目前我国的城乡收入差距及其变化特点做深入的分析。

4.1.1 近年来我国城乡收入差距趋于改善

根据国家统计局公布的 1978 年以来的城镇居民和农村居民人均可支配收入数据，可以计算出城乡居民收入比。结果表明，虽然自 1978 年以来城乡居民收入比变化波动明显，但到目前为止总体还是符合库兹涅茨所提出的倒“U”形假说。1978~2007 年，城乡居民收入比整体呈现上升趋势，但其中也有两个时期出现明显下降。第一个时期是 1978~1983 年，随着家庭联产承包责任制的实施，农村地区的生产经营活力被率先激发出来，这一时期农村居民的人均收入增长要快于城镇居民，因此城乡居民的收入差距出现了明显的缩小。随着经济体制改革的重心由农村转移到城镇，城镇地区生产要素的活力被极大激发，城镇居民的人均收入增长逐渐快于农村居民，城乡收入差距又出现了扩大化倾向。直到 1994 年，这种扩大化倾向才得到暂时遏制。1994~1997 年是城乡收入差距总体上升时期中第二个差距相对缩小的阶段，这一阶段城乡收入差距缩小主要是得益于乡镇企业的快速发展，带动了农村居民收入的快速增长。但 1997 年之后，随着乡镇企业发展后劲不足、不少企业出现债务危机倒闭，城乡居民收入差距再次扩大。这种局面直到 2007 年才得以扭转。2004 年以来，中央连续出台一号文件持续关注农业农村农民发展，2005 年我国提出加快推进社会主义新农村建设，党的十八大以来全社会坚持农业农村优先发展、加强脱贫攻坚与乡村振兴统筹衔接，在一系列政策不断发力下，城乡居民收入差距从 2007 年开始持续缩小。2022 年，我国城乡居民人均可支配收入之比为 2.45，较 2007 年累计下降了 0.69（见图 4-1）。

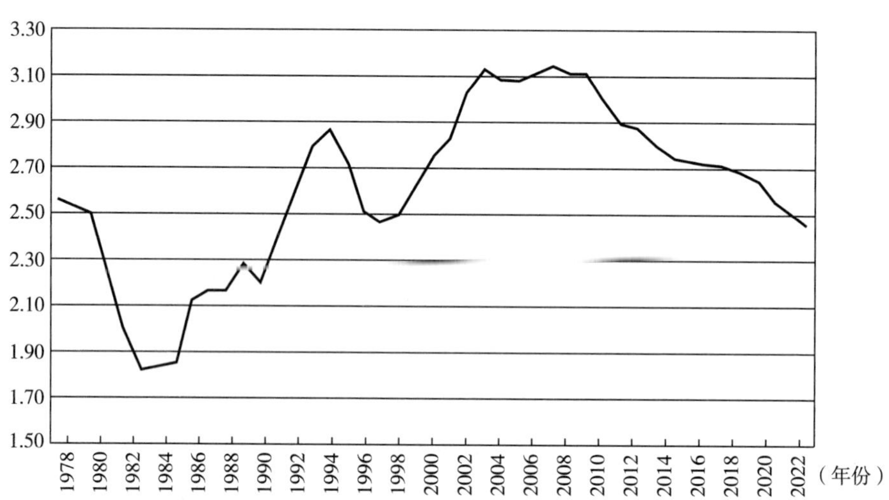

图 4-1　1978~2020 年我国城镇与农村居民人均可支配收入之比

资料来源：国家统计局。

4.1.2　财产性收入差距上升为导致城乡收入差距的首要因素

居民人均可支配收入具体由四项收入构成，通过分析城乡居民四项收入之比的变化，可以更进一步地找出导致城乡居民收入差距的首要因素。国家统计局数据显示，2006 年以前，城乡居民的人均可支配转移净收入之比在四项收入之比中最高，而 2007 年后，城乡居民的人均财产净收入之比取代了转移净收入之比，成为导致城乡居民收入差距的首要因素。这主要是因为随着金融市场体系的不断完善和城镇居民理财观念的不断增强，城镇居民相对农村居民有了更多的投资渠道、更灵活的投资想法、更丰富的投资经验，通过股票、债券、外汇市场获得的收益明显增加；并且，随着城市房地产市场化改革的不断深入，房价的上涨也给城市居民带来了更多的投资收益，而农村居民的土地要素相对变现难度大，且农村劳动力转移带来的“空心化”和耕地的用途特性决定了其土地价值相对较低。从四项收入之比的变化趋势看，城乡居民的人均工资性收入之比与人均转移净收入之比总体呈现逐步下降的态势，城乡居民的人均经营性收入之比总体呈现缓慢上升的趋势，这三项收入之比的变化与近年来城乡居民收入差距缩小的总体趋势是一致的，而城乡居民的财产净收入之比在 2012 年之前出现了明显上升，2012 年之后才开始缓慢下降，目前仍然处于较高水平，这是不利于城乡居民收入差距缩小的。虽然城乡居民的工资收入仍然占城乡居民收入一半以上的比重，但财产净收入在收入中的比重持续增加，如果对城乡居民财产净收入之比较大的现象不给予高度关注，很可能制约未来城乡居民收入差距进一步缩小的空间（见图 4-2）。

4.1.3 与主要发达经济体相比我国城乡差距仍然较大

考虑到欧盟大部分成员国为发达国家，并且有专门的欧盟统计局负责收集整理校对各国的数据，相对而言数据的准确性和一致性较高，因此本书采用欧盟统计局发布的各成员国城乡收入之比作为参照，同时也纳入日本和韩国两个亚洲近邻国家进行对比分析。研究结果显示，2019 年中国城

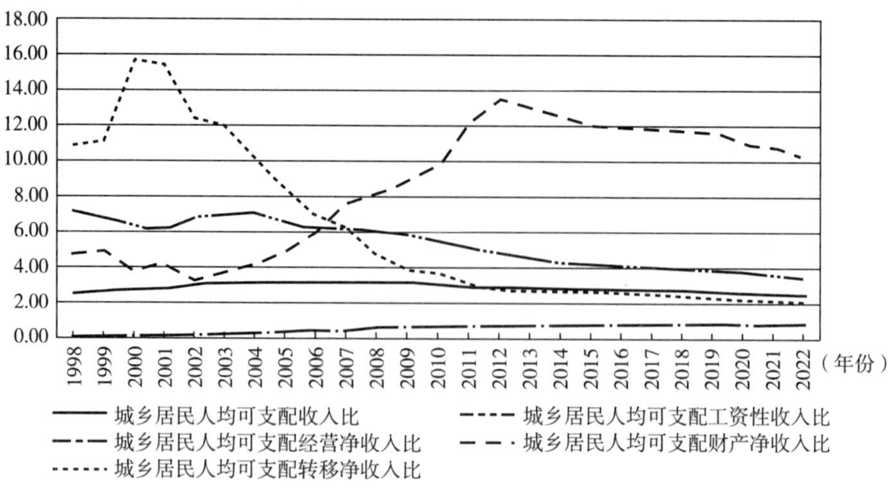

图 4-2　1998~2022 年我国城镇与农村居民四项人均可支配收入之比

资料来源：国家统计局。

乡居民收入比为 2.64，而同期欧盟 27 个成员国的平均水平为 1.21，中国的城乡居民收入差距大约是欧盟的 2.18 倍。2019 年，日本和韩国的城乡收入差距分别仅有 1.01 和 1.29，仅相当于中国的 38.3%和 48.9%，其中日本城乡居民收入比接近 1∶1，可以说城乡居民收入基本实现了均等化。通过仔细分析数据还可以发现，在欧盟 27 个成员国中，发达程度越高的国家城乡收入水平相对会更加均等。奥地利和比利时是高度发达的国家，人均收入水平很高，城乡收入差距甚至小于 1，而罗马尼亚和保加利亚属于发展中国家，它们的城乡收入差距在欧盟成员国中位列第一和第二。由此也可以看出，随着国家整体由发展中经济体迈向发达经济体，城乡居民的收入差距有减小的趋势，当然这种减小趋势反过来也会促进国家整体跨入发达经济体行列。因为如果无法有效解决发展过程中的居民收入差距过大问题，迈向发达经济体的过程就有可能中断甚至倒退（见图 4-3）。

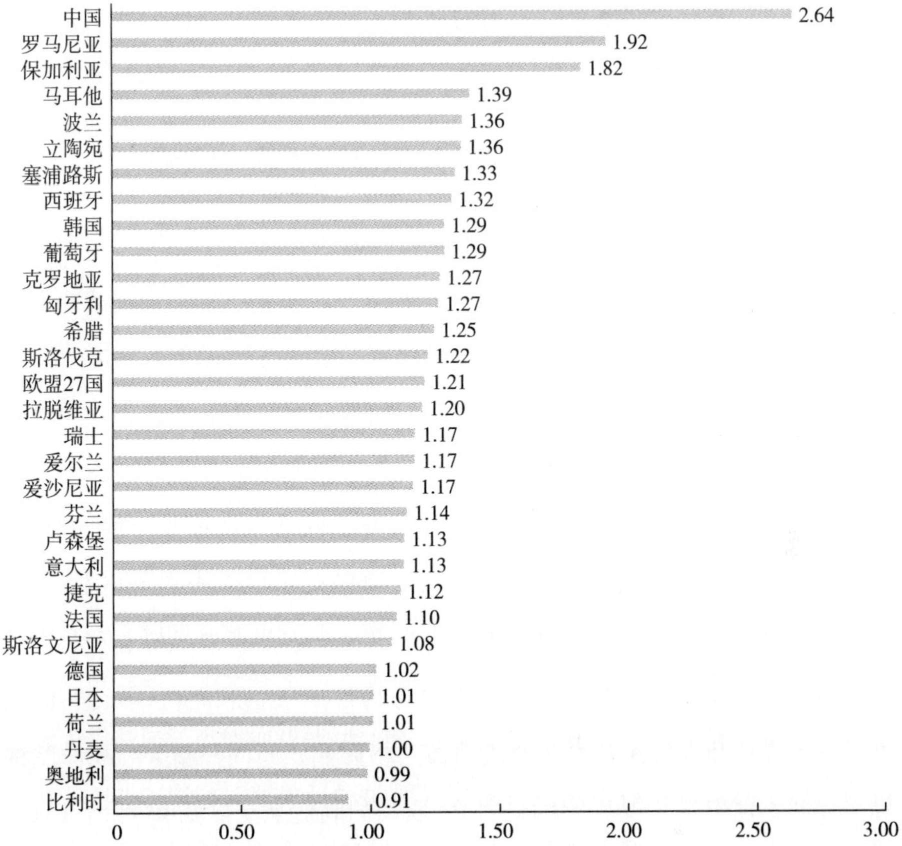

国家/地区	城乡收入比
中国	2.64
罗马尼亚	1.92
保加利亚	1.82
马耳他	1.39
波兰	1.36
立陶宛	1.36
塞浦路斯	1.33
西班牙	1.32
韩国	1.29
葡萄牙	1.29
克罗地亚	1.27
匈牙利	1.27
希腊	1.25
斯洛伐克	1.22
欧盟27国	1.21
拉脱维亚	1.20
瑞士	1.17
爱尔兰	1.17
爱沙尼亚	1.17
芬兰	1.14
卢森堡	1.13
意大利	1.13
捷克	1.12
法国	1.10
斯洛文尼亚	1.08
德国	1.02
日本	1.01
荷兰	1.01
丹麦	1.00
奥地利	0.99
比利时	0.91

0　0.50　1.00　1.50　2.00　2.50　3.00

图 4-3　2019 年欧盟成员国、日本、韩国及中国城乡收入比

资料来源：欧盟统计局、日本统计局家计调查数据（2019 年）、韩国国家统计局。

4.2　当前我国城乡收入差距较大的原因剖析

造成当前我国城乡收入差距较大的原因是多方面的，既有城乡二元结构的历史遗留问题惯性，也有城乡要素禀赋差异的客观事实；既有“大城市化”快速发展带来的影响，也有税收调节功能不健全导致的收入再分配作用无法充分发挥的影响。

4.2.1　城乡二元制度惯性是城乡收入差距较大的根本所在

中华人民共和国成立之初，在当时特殊的国内外政治环境下，为迅速改变“落后就要挨打”的不利局面，中央确立了“赶超型”发展战略，优先发展重工业，国家政策向“农业支持工业、农村支持城市”转变，从而使农业、农村承担起支持工业和城市发展的重任（郭旭红和武力，2022）。要按照这种战略发展经济，就必须要解决重工业发展所需要的巨额资金积累问题。在当时外部环境趋于恶化、国外资金和技术援助减少的情况下，只能通过自我积累加以实现。于是国家通过采取工农业产品价格剪刀差、征收农业税等方式，将大量的农业剩余拿走用于工业发展的资金积累。与此同时，国家通过户籍制度将全国人口分为城市人口和农村人口两部分，并且城市人口和农村人口之间的流动被严格限制，不同户籍人口所享受的社会福利差别明显，客观上牺牲了广大农民的利益来支撑城市发展。因此，城乡二元体制的存在是城乡居民收入差距较大的最根本的原因。虽然近年来我国已经逐步将“农业支持工业、农村支持城市”的发展战略调整为“工业反哺农业、城市支持农村”，但是长期以来城乡二元体制的制度惯性使短期内城乡发展不均衡性仍然显著存在，城市地区所集聚的人口和优质资源仍然远多于农村地区，农村居民所能获得的就业机会、享受的相关福利待遇水平仍然与城市居民相去甚远，由此导致城乡居民收入差距较大的情况尚未得到根本扭转。

4.2.2　要素禀赋差异是城乡收入差距较大的深层原因

从土地要素看，土地不仅是农民最重要的生产和生活资料，也是城市化中最具财富效应的生产要素。由于政府对城市中的土地供给实行出让政策，城市土地供给相对需求而言稀缺，导致城市地区的土地价格居高不下，也推升了城市房屋的价格，使城市居民通过房屋出售或出租获取的收入上升。而农村地区的宅基地归村集体所有，农民难以将宅基地出售给集体范围外的成员，所耕种的土地要想转变为建设用地也要经过一系列严格的审批程序，农民能通过土地要素获取的收入十分有限。

从劳动力要素看，由于城乡公共教育服务的差异，农村居民的受教育水平远远落后于城镇居民，虽然农村劳动力的数量仍然比较丰富，但随着城镇化进程的推进，大量高素质、接受过良好教育的农村劳动力不断向城镇地区迁移，导致农村地区出现了高素质劳动力的“洼地”。因而，从高素质劳动力角度看，农村地区所具备的该项要素是相对稀缺的。由于农村地区高素质劳动力的匮乏，农村劳动力就业的整体层次水平较低，大多是从事一些对劳动技能要求比较低的岗位，这些岗位与城市地区需具备专业技能的岗位相比收入偏低，从而制约了农村地区收入的增加。

从资金要素看，虽然近年来国家不断加强财政资金支农的力度，也积极推广小额信贷资金帮助农户发展生产，但是由于农户往往缺乏可抵押物、承担风险能力较弱、监督成本较高等原因，金融机构支持农业农村发展的成效有限，在国家大量资金注入农村的同时又有大量的资金流出农村，农村地区的金融资源短缺状况并未得到明显改观。金融资源短缺一方面不利于农业产业化经营发展，限制了农业扩大再生产的空间，制约了农村居民增收；另一方面不利于农村现代化建设，导致农村地区投资不足，无法创造出更多的就业岗位和机会，进而无法带动农村居民收入增长。

从要素组合的角度看，城市地区的资金和技术要素相对于劳动力要素更丰富，农村地区劳动力要素相对资金和技术要素更丰富，由于资金和技术要素的价格远高于劳动力要素价格，导致具备更多高价格要素的城市居民收入增长要快于农村居民，造成城乡收入差距拉大。

4.2.3 “大城市化”快速发展是导致城乡收入差距较大的重要因素

城市化本身就是一个资源与生产要素持续向城镇集聚的过程，在此过程中伴随着农村地区生产要素的大量与快速“流失”（曹光四和张启良，2015），其中影响城乡居民收入差距最重要的因素就是农村中富裕人口这一要素资源向城镇地区的转移。国家统计局数据显示，1949~2022年，我国常住人口城镇化率由10.64%提高至65.22%，年均提高0.75个百分点，其中改革开放之前的1949~1977年年均仅提高0.25个百分点，改革开放之后的1978~2022年年均提高1.05个百分点，由此可见改革开放以来我国城市化进程显著提速，目前仍处于快速城市化阶段。在城市化快速发展阶段，出现了大量的农业转移人口，这些人大部分是富裕地区的富裕农民、城市近郊的农民及具有一定经济实力在城市稳定就业并落户的中西部地区农民。这部分农民无论在人力资本还是物质资本方面都优于其所在地区的其他农村居民，因此这部分农民进入城市，客观上拉低了全国农村居民的人均收入水平。并且，我国在快速城市化的过程中，还出现了过度偏重大城市发展的倾向。第七次人口普查数据显示，我国有超大城市7个、特大城市14个，常住人口最多的上海市拥有将近2500万人。按照统计标准，超过300万人口的城市就可以称作“都市”，而都市一般具有明显的虹吸效应。这种效应使农村高素质劳动力和优质资源加速向城市转移，进一步加剧了收入差距扩大的趋势。只有高度重视中小城镇发展，以县城为载体协同推进新型城镇化，城市化发展对城乡收入差距的影响才会逐渐消失。

4.2.4 税收调节功能不健全是城乡收入差距较大的关键

税收对收入分配的影响，取决于税收的累进或累退性。累进的税收有利于缩小收入差距，累退的税收会扩大收入差距。我国个人所得税的综合所得法定税率是超额累进税率，但由于我国个人所得税的收入规模偏小，可以发挥的收入分配效应非常有限。增值税和消费税等间接税的收入分配效应，很大程度上取决于税负归宿的分布情况。在假设间接税税负全部向前转嫁给消费者时，根据边际消费倾向递减规律，高收入者的消费支出占收入的比重低于低收入者，从而导致高收入者的税收负担低于低收入者。因此，间接税通常被认为是累退的，不利于缩小收入差距。聂海峰和刘怡（2009）的研究表明，我国增值税整体上是累退的，低收入者的税收负担更高，因此收入更低的农村居民相对要承担更高的税负；而根据岳希明等（2014）的研究，我国消费税在农村范围内是累退的，但在全国和城镇范围内表现出轻微的累进性，这种税负的城乡差异也导致了城乡收入差距的拉大。

与此同时，中央已经提出“积极稳妥推进房地产税立法和改革”，给出了做好试点工作、扩大试点覆盖面“双管齐下”的推进路径指导，由于房地产税非常敏感、复杂，注定会是一个必须求稳妥、争取社会最大公约数与可接受度的过程。由于相对而言城市居民所拥有的财产数量和价值往往多于农村居民，未来财产税的落地实施将有望在一定程度上缓解城乡收入差距过大的矛盾。此外，由于城乡社会保障与福利制度的巨大差别，国家在财政支付方面存在明显的城乡差距，如城镇居民享有的离退休金、失业救济金、住房公积金、价格补贴等农村居民基本没有，这种社会保障制度的缺陷弱化了其收入分配调节作用，也不利于缩小城乡收入差距。

4.3　缩小城乡收入差距的对策建议

针对上述导致城乡收入差距较大的原因，需要从做好破解城乡二元体制的顶层设计、促进城乡要素双向自由流动、以新型城镇化带动城乡一体化发展、加快完善相关税收制度等方面着力，努力缩小城乡收入差距。

4.3.1　做好破除城乡二元体制的顶层设计

树立正确的城乡融合发展观，围绕人往哪里去、地从何处来、钱从哪里出、权能如何用的大逻辑，把城乡作为一张图描绘、一盘棋布局，把城市和乡村、工业和农业作为一个整体设计制度框架。坚持农业现代化和农村现代化一体设计、一并推进，通过建立城乡融合的体制机制，加快形成以工促农、以城带乡、工农互惠、城乡一体的新型工农城乡关系，逐步实现城乡居民基本权益平等化、城乡公共服务均等化、城乡居民收入均衡化、城乡要素配置合理化，以及城乡产业发展融合化（韩俊，2018）。统筹公共资源在城乡间的均衡配置，建立全民覆盖、普惠共享、城乡一体、均等服务的基本公共服务体系。

4.3.2　促进城乡要素双向自由流动

建立健全城乡人口、土地、资本、科技等要素自由流动的市场化机制。全面落实取消县城落户限制政策，全面放开除个别超大城市的落户限制，打破阻碍劳动力自由流动的户籍壁垒。同时建立健全统一规范的就业市场，使劳动者具有平等的就业权利与机会。倡导技能型人才向乡村有序流动，鼓励乡贤返乡、人才下乡，参与乡村振兴建设。建立城乡统一的建设用地市场，破除城乡土地权能不平等难题。完善农村产权制度，推动农村承包地经营权流转。全面落实城乡建设用地增减挂钩政策，逐步实现土地最优配置。搭建城乡普惠的金融服务体系，破除资本供给不均弊端。健全财政资金支持政策，不断提高财政资金的使用效率，强化政府资金引领带动作用。通过税收优惠等方式引导城市资本流入农村地区。明确工商资本下乡政策边界，切实保护农民利益（周南，2019）。因地制宜地推进农业耕作机械化、信息化、水利化、良种化水平，加大力度培育新型农民，提高农业生产的科技进步率。

4.3.3 以新型城镇化带动城乡一体化发展

城镇化和乡村振兴互促互生（高媛国和樊建武，2022）。要注重规划先行、突出重点、分类施策、典型引路，不搞“一刀切”，立足地区不同实际走大带小、好带差等差别化以城带乡发展路径。创建城乡区域间协调发展的梯度推进机制，率先在大中城市近郊和发达地区推进，有序在城市中远郊等城乡过渡地带推进，稳步在相对远离城市但自然历史文化资源丰富的乡村推进。加快中心城市成长，做大做强城市经济，不断提升中心城区承载力、辐射力、带动力和影响力。加快“小县大城”建设，大力开展县城建设提质升级行动，切实提高县城综合实力和功能品质，拓展县域经济发展空间。积极发展村镇经济和民营经济，引领农民向小城镇转移。创新产业融合发展引导政策，合理引导城市产业向乡村延伸转移，增强乡村自身造血功能和内生发展能力。

4.3.4 加快完善相关税收制度

完善个人所得税制度，优化税率结构，在累进税基础上简化税种，减少税率级次，对低收入者实行免税或减税，对中高收入者实行适度重税，以体现合理税负，缩小收入差距。扩大消费税征收范围，适时调整消费税的税目和税率，适当提高奢侈消费品的消费税率，增强消费税的调节功能。加快房地产税立法，稳妥有序推进征收房产税，对于那些只拥有一套住房的家庭应免征房产税，对于拥有两套住房及以上的家庭合理征收一定数额的房产税，而对于那些带有鲜明投机动机的拥有数套房产的炒房者的住房要适当提高其房产税税率。加大社会保障等转移性支出，以及支农资金占财政支出的比重，发挥好公共财政的调节作用。

5 地区收入差距与共同富裕

习近平总书记在党的二十大报告中指出："促进区域协调发展，深入实施区域协调发展战略、区域重大战略、主体功能区战略、新型城镇化战略，优化重大生产力布局，构建优势互补、高质量发展的区域经济布局和国土空间体系。"同时，党的二十大提出要实现中国式现代化，中国式现代化是全体人民共同富裕的现代化，这就要求我们要在发展中主动解决区域发展不平衡不充分的矛盾，以及存在的地区差距、城乡差距、收入差距等问题，推动各区域实现更高质量、更有效率、更加公平、更可持续的发展，加快形成统筹有力、联动协作、共赢共享的区域协调发展新格局，以区域全面协调发展促进中国式现代化，最终实现全体人民共同富裕。因此，在实现区域协调发展促进共同富裕的进程中，必须认清当前我国地区收入差距存在的客观事实，找准区域间收入差距的变化规律，剖析造成地区收入差距的原因所在，并采取有效措施努力缩小收入差距，实现区域相对均衡发展。

5.1 我国地区收入差距及其变化

地区间的收入差距是收入差距的一个重要表现形式，也是我国经济社会发展不平衡不充分问题的具体体现。改革开放以来，我国通过倡导“先富带动后富”，即允许一部分地区和一部分人先富起来，然后带动其他地区和其他人实现共同富裕的战略选择，极大激发了社会生产的积极性，促进了我国经济持续数十年的快速发展。但由此也带来了区域间发展差距拉大，不同地区人均收入水平差距过大等问题。近年来，特别是党的十八大以来，以习近平同志为核心的党中央高度重视解决区域发展不平衡不充分问题，坚定开展脱贫攻坚，实施了一系列区域发展重大战略，历史性地解决了绝对贫困问题，不同地区收入相对差距过大得到了一定缓解。

5.1.1 西部与其他地区收入相对差距缩小，但东部地区仍具绝对优势

按照国家统计局的标准划分方法，以西部地区为1，从图5-1中可以发现，2013年东部与西部、中部与西部、东北与西部之间的人均可支配收入比值分别为1.70、1.10和1.29，而到了2021年，三者数值分别下降至1.62、1.07和1.10，与2013年相比分别降低了0.08、0.03和0.19，西部地区与其他地区的收入相对差距呈现缩小态势。从图5-1还可以发现，西部地区与东北地区人均可支配收入的差距缩小最明显，而与东部和中部地区的收入相对差距缩小不明显。这主要是由于国家大力推进脱贫攻坚，加大对西部地区倾斜支持力度，实现了绝对贫困人口全部脱贫，西部地区的人均收入增长加快；而东北地区经济转型发展仍面临不少难题，传统产业

升级面临不少瓶颈，新动能新产业尚未成为经济增长的强大动力，导致居民增收较为缓慢。从不同年份不同地区间人均可支配收入的变异系数来看，也表现出地区间收入相对差距缩小的特点。2013~2021 年，不同地区间人均可支配收入的变异系数由 20. 39%降至 19. 50%，说明不同区域间相对于全国人均可支配收入均值的离散程度在降低。然而，从绝对差距上看，东部地区与其他三大区域的收入差距仍在扩大。国家统计局数据显示，2013 年，东部与西部、中部、东北地区人均可支配收入差距分别为 9739. 4 元、8394. 5 元和 5765. 3 元，到了 2021 年，分别扩大至 17181. 9 元、15330. 3 元和 14462. 6 元。

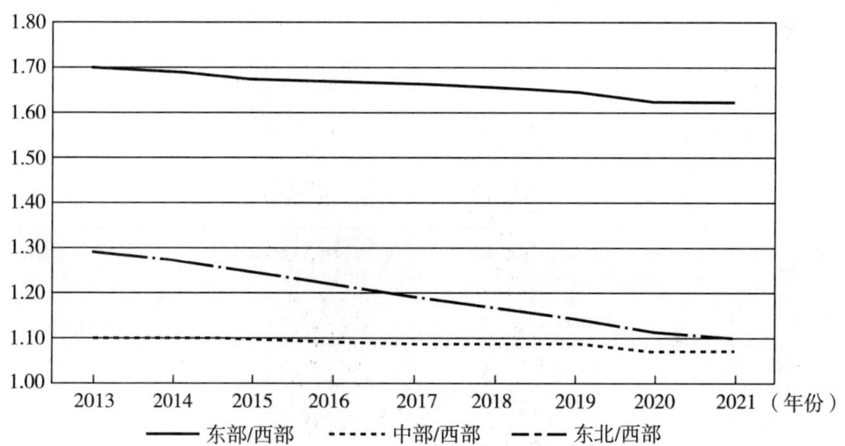

图 5-1　2013~2021 年我国三大区域与西部地区人均可支配收入之比

注：东部地区包括北京、天津、河北、上海、江苏、浙江、福建、山东、广东和海南 10 省（市）；中部地区包括山西、安徽、江西、河南、湖北和湖南 6 省；西部地区包括内蒙古、广西、重庆、四川、贵州、云南、西藏、陕西、甘肃、青海、宁夏和新疆 12 省（区、市）；东北地区包括辽宁、吉林和黑龙江 3 省。

资料来源：国家统计局。

5. 1. 2　不同省域之间收入相对差距缩小，但绝对差距仍在扩大

如果按照省级行政区域来看，可以发现各省份之间收入的相对差距呈

现逐步缩小的趋势。2013 年，人均可支配收入最高的省份为上海市，人均可支配收入达到 42173.6 元；人均可支配收入最低的省份为西藏自治区，为 9740.4 元，二者之比达到 4.33∶1。到了 2021 年，人均可支配收入最高的省份仍为上海市，人均可支配收入增长至 78026.6 元；人均可支配收入最低的省份变成了甘肃省，当年人均可支配收入 22066 元，两者之比为 3.54∶1。可以看出，人均可支配收入之比在 8 年时间里缩小了 0.79。观察人均可支配收入的变异系数也能看出，相较于 2013 年，变异系数由 41.26%下降至 38.23%，表明不同省份之间人均可支配收入的离散程度在降低，各省份之间的收入更趋于均衡。但是，从绝对差距上来看，收入最高省份与收入最低省份之间人均可支配收入的差值仍在扩大，2013 年为 32433.2 元，到 2021 年已经增加至 55960.6 元，缩小不同省域之间的收入差距仍然任重而道远（见表 5-1）。

表 5-1　2013~2021 年我国省域间人均可支配收入差距

年份	收入最高省份与最低省份间绝对差距（元）	收入最高省份与最低省份间相对差距（最低=1）	31 个省份收入变异系数（%）
2013	32433.2	4.33	41.26
2014	35235.6	4.28	40.60
2015	37612.9	4.07	40.25
2016	40666.1	3.98	40.24
2017	43530.7	3.82	40.03
2018	46896.6	3.71	39.96
2019	50302.5	3.63	39.59
2020	51897.3	3.55	38.69
2021	55960.6	3.54	38.23

资料来源：国家统计局。

5.1.3　南北方地区之间收入相对和绝对差距均在不断扩大

我国“东中西”发展不协调的问题值得高度关注，而“南快北慢”的

区域发展不平衡问题同样需要引起重视，南北方之间的经济发展和收入差异已经成为我国区域协调发展和实现现代化进程中亟须破解的难题。以秦岭淮河分界线作为我国南北方省份划分依据，考虑到该分界线贯穿一些省份，本书将上海、江苏、浙江、安徽、福建、江西、湖北、湖南、广东、广西、海南、重庆、四川、贵州、云南、西藏16个省份归为南方地区，其余省份（未包括台湾、香港、澳门）作为北方地区，将北方各省份人均可支配收入乘以各自省份人口占北方地区总人口的比重加总后可以得出北方地区的人均可支配收入，南方地区按照相同方法计算可得南方地区的人均可支配收入。通过计算分析后可以发现，2013年北方地区的人均可支配收入为17247.72元，南方地区为19202.21元，北方地区约为南方地区的90%。2021年，北方地区的人均可支配收入仅相当于南方地区的85%左右，可见北方地区的经济发展水平明显落后于南方，二者之间的收入差距在扩大。从绝对水平上看，2021年北方地区的人均可支配收入比南方地区少5782.8元，而2013年这一数值为1954.5元，8年时间二者之间的绝对收入差距扩大了近2倍（见图5-2）。

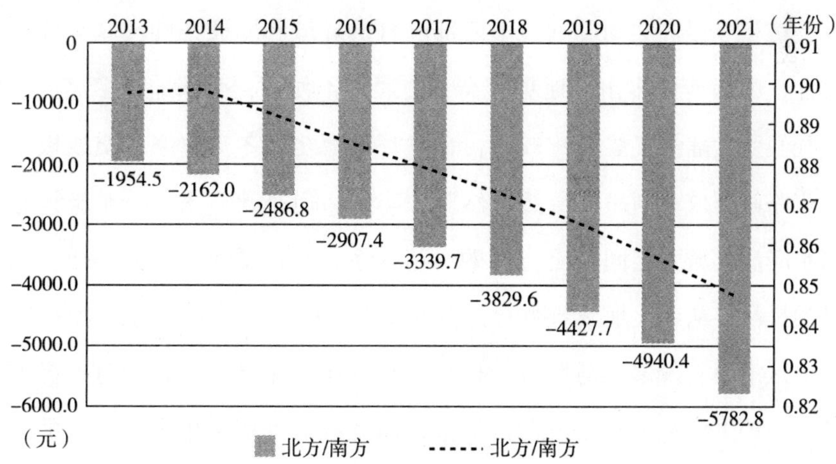

图5-2　2013~2021年我国南北方人均可支配收入差距

资料来源：国家统计局。

5.2 当前我国地区收入差距的主要成因

地区收入差距的产生是市场经济发展所引发的内生性现象，共同富裕并不是要求完全消除收入差距，而是要使收入差距控制在合理的范围内。地区收入差距较大是我国长期以来面临的一个难点问题，其是由多方面因素造成的，最主要可以归结为以下几方面的原因：

5.2.1 自然地理差异是造成地区收入差距的初始本因

相对于中西部地区而言，我国东部地区拥有得天独厚的地理位置，并且交通便利。东部地区以平原和低地丘陵为主，有着良好的农业生产条件，同时开放程度较高，各主要城市与世界经济有着广泛联系，发达的交通系统和密布的城市也使东部地区的农村能够很容易地与城市连接在一起，使城乡经济相互促进共同发展。中西部的自然环境和交通条件与东部地区相比欠佳，中部地区多山，地势较高，交通多不便利，西部地区多高原、盆地，气候受大陆性气候影响较大，自然环境恶劣，冬天严寒，交通极不便利，道路修建成本高昂，虽然自然资源丰富，但是地广人稀、基础设施建设水平滞后，城乡之间缺乏应有的经济联系，制约了经济发展和居民收入水平的提高。从南北地域差距看，南方地区的地理位置也较北方地区优越。南方地区沿海省份多，与北方相比更靠近太平洋主航道，且拥有世界前五大港口中的上海港、舟山港和深圳港，因此在对外贸易中具有天然的运输成本优势。同时，随着国家“一带一路”倡议的提出，南方地区海上丝绸之路的发展步伐加快，形成了以长三角、珠三角、粤港澳大湾区等为核心的开放发展新格局，而北方地区虽然拥有陆上丝绸之路，但自贸区、中欧班列等平台对北方地区融入“一带一路”促进经济发展的支撑作用还不够强，由此也造成南北方地区发展和收入差距的扩大。

5.2.2 科技文化差异是造成地区收入差距的内在动因

从科学技术上看，不同地区在科学技术水平上存在着高低差异，创新已成为经济增长的重要驱动力，因而科技水平的高低对社会的发展进步具有重大影响。科技水平相对较高的地区，更能带动当地各行各业的发展，会给人们带来更多的发展机会，从而进一步影响人们的收入水平。总体而言，我国东部地区在科技水平上领先于中西部和东北地区，我国的先进技术专利多集中于东部沿海省份，而西部内陆省份在专利技术方面与东部沿海地区差距很大。从近年来的变化来看，东部沿海地区科技水平在快速发展，发展速度远远高于西部内陆地区，地区之间科技水平的差距仍在扩大，这不利于缩小地区间的收入差距。从南北方来看，北方地区的创新环境较差且创新成果转化能力明显落后于南方地区，北方地区创新投入明显不足，研发人员数量差距不断扩大，导致南北创新能力差距拉大，加剧了南北方经济分化的局面，不利于缩小两个地区之间的收入差距。从思想文化上看，不同地区的传统文化、教育方式和水平会存在较大差异，由这些差异产生的影响是不容忽视的。人们的文化教育水平不同，面对相同处境时的思想就会有所不同，所采取的行动就会不同，从而对自身的收入水平造成影响（王土兰和彭定赟，2017）。一般而言，受教育程度越高，收入水平相对来说也越高。并且，通过教育和专业培训可以提高工作效率，如果一个地区的教育水平很落后，就会出现知识和人才短缺的情况，先进技术也会非常缺乏，进而影响地区的发展。相对而言，东部地区居民受教育程度较其他地区要高，南方地区的人力资本发展水平明显优先于北方地区，且东部和南方地区居民的创业热情较高，思想较为活跃，而东北一些地区居民甚至存在“等靠要”意识，形式主义、官僚主义现象较多，各种制度性交易成本偏高，因此东部地区相对于其他地区、南方地区相对于北方地区的思想文化优势较为明显，由此也导致地区间的收入差距扩大。

5.2.3　产业结构差异是造成地区收入差距的重要诱因

产业结构变迁是驱动经济增长的重要动力，是造成地区间经济差距的重要原因。经过改革开放几十年的发展，我国东部沿海省份通过对外开放和产业升级，已经实现了经济结构转型升级，目前东部地区第三产业增加值对经济增长的贡献率超过第一产业和第二产业，而且高端服务业、先进制造业及战略性新兴产业也主要集中在东部地区。这些产业附加值较高，单位劳动产出较多，利润和回报率较高，因此其产业工人获得的工资报酬也相对较高。相较而言，中西部和东北地区省份很多产业结构主要还是集中在第一产业和第二产业，产业竞争力相对落后，资源消耗大、利润率低、单位劳动产出低，因此其从业人员获取的劳动报酬水平偏低。从南北方的产业结构差异看，北方地区的资源型产业占比过高，工业转型升级的难度大，其产业结构调整缓慢，新旧动能转换艰难（闫佳敏和沈坤荣，2022）；而南方地区信息传输、软件和信息技术服务业及高技术制造业等新经济新动能正在加快发展，众多高新技术企业集聚，单位劳动者创造出的产出价值明显高于北方地区，因此南方地区的劳动者获取的收入高于北方地区就不足为奇了。

5.2.4　政策支持差异是造成地区收入差距的关键外因

改革开放以来，我国推行了梯度式的非均衡的地区发展战略，即优先发展东部沿海地区，再逐步向中西部地区推进。在这一战略的指导下，国

家加大对东部沿海地区的人、财、物支持力度，并给予东部沿海地区一系列的优惠政策和先行先试的机会。这就使东部地区率先发展起来，客观上造成了东部地区与其他地区发展差距和收入差距的扩大。

虽然近年来我国逐步扭转非均衡发展战略，大力实施区域协调发展战略，采取了东北老工业基地振兴、西部大开发、中部崛起等一系列举措，在一定程度上缓和了地区差距，但是上文的分析表明，东部地区与其他地区收入水平的绝对差距仍在扩大。这可以用缪尔达尔的累积循环因果理论来很好地解释。该理论认为，地区经济发展的不平衡会引起“累积性因果循环”，也就是会造成发展快的地区会发展得越来越快，而落后的地区相对而言发展得更慢，从而导致地区经济间的差距逐渐扩大。在这样的不断累积循环过程中，会产生两个完全不一样的效应，即回流效应与扩散效应。扩散效应对缩小地区间的差距有正向作用，处于增长极的地区会在未来的发展中为周围其他地区带来资本、劳动力等生产要素，从而促进这些地区的经济增长，实现共同发展；回流效应是指落后地区的资本和劳动力会被利益吸引而流向经济发达的地区，处于经济中心的地区将会充分利用这些要素和资源来进一步促进当地的发展，最终不发达的地区由于各种要素和资源的严重缺乏，发展更加缓慢，与发达地区之间的差距越来越大。

因此，未来我国政策支持的重点是不断优化完善对中西部和东北地区的支持政策，使政策实施后东部地区对其他地区经济发展的扩散效应持续大于回流效应，才能切实达到缩小东部地区与其他地区收入差距的目标。

5.3 缩小地区收入差距的对策建议

想要进一步缩小地区收入差距，基本思路是不断缩小地区经济社会发展差距，更加注重“协调东中西、平衡南北方”，通过加快完善抑制地区差距扩大的体制机制、深入落实重大区域发展战略、积极推进欠发达地区产业转型升级、提升创新能力增强落后地区内生发展动力、持续加大财政金融倾斜支持力度等手段破解地区发展差距过大问题，以区域更加协调均衡发展促进地区收入差距缩小，实现先富带动后富，最终达到共同富裕。

5.3.1 加快完善抑制地区差距扩大的体制机制

坚持分类指导和因区施策，基于不同地区的实际做出政策安排，指导各地区立足于发挥自身比较优势和潜力谋划发展路径。建立以基本公共服务均等化为核心内容、保障平等发展权利的体制机制，重点是破除城乡二元结构，加大落后地区特别是贫困地区基本公共服务供给力度。建立支持和促进落后地区或困难地区加快发展的体制机制，发挥政策手段功能和制度优势，有效补齐短板。建立地区利益平衡协调体制机制，以资源和重要农产品的区域配置、生产要素交换、上下游生态协调等为重点，建立科学的价格调节和收益补偿制度（范恒山，2017）。继续积极探索并不断完善先富带后富和先富帮后富的区域合作帮扶机制，依托东西协作、对口支援、对口协作（合作）机制，不断完善东西部结对帮扶关系，拓展帮扶领域，健全帮扶机制，优化帮扶方式，加强产业合作、资源互补、劳务对接、人才交流。加强对各地区居民收入、基本公共服务、城乡居民居住环境、基础设施通达程度、城乡居民就业机会等指标地区差距的监测分析（叶振宇，2022），及时发现苗头性趋势性问题，更好地为制定下一步政策提供支撑。

5.3.2 深入落实重大区域发展战略促进协调发展

以区域协调发展为总战略，统筹东中西，协调南北方，促进经济要素在更大范围、更高层次、更广空间顺畅流动与合理配置。推动东部地区率先实现高质量发展，持续做大做优社会财富“蛋糕”，并努力缩小区域内部发展差距带动广大中西部地区实现共同富裕；中部地区要充分发挥承东启西、连南接北的区位优势，构建以先进制造业为支撑的现代产业体系，推动内陆高水平开放；西部地区国土面积广阔，生态环境比较脆弱，经济社会发展相对滞后，要加快形成大保护、大开放、高质量发展的新格局，促进400毫米降水线西侧区域保护发展，实现区域内部互促协调；要围绕维护国家国防安全、粮食安全、生态安全、能源安全、产业安全，推动东北地区全面振兴（贾若祥，2022）。以区域经济优势互补为前提，以区域产业供应链与产业链融合发展为重点，北方地区通过全面深化改革，调整优化布局实现高质量发展，在国家支持下形成“以南带北”的区域发展新格局，将北方的土地、资源、技术、劳动力等优势与南方的资本、科技创新能力相结合，实现南北之间的产业和经济互补。

5.3.3 积极推进欠发达地区产业转型升级

优化区域产业链布局，引导产业链关键环节留在国内，强化中西部和东北地区承接产业转移能力建设。进一步依托中西部地区产业基础和劳动力、资源等优势，推动装备制造业、农产品加工业等重点产业承接发展，壮大产业规模，加快产业结构调整，培育产业发展新优势。西部地区要抢抓“东数西算”国家重大战略机遇，适度超前布局“新基建”，加快高科技头部企业在西部地区落户数据中心，延伸数字产业链条，推进数字产业化和产业数字化，打造具有西部区域特色的数字产业集群（汪彬，2023）。大力支持特殊类型地区培育发展特色产业园区，积极支持欠发达地区、革命老区积极承接产业转移，支持资源型城市发展接续替代产业，加大力度支持产业转型升级示范区建设。在缩小南北方发展和收入差距方面，应加快北方地区资源型省份的产业结构转型升级，淘汰落后和过剩产能，摆脱过度依赖能源型产业和重工业占比过高的局面，大力发展高端制造业和现代服务业。率先把振兴环渤海、东北地区作为主要着力点，构建以京津冀为核心、辽东半岛和胶东半岛为两翼的经济圈，打造工业产业、高新技术、农产品等产业集群，提升区域核心竞争力。同时，充分发挥北方地区在粮食、冰雪、森林、中药材等方面的丰富资源优势，大力发展冰雪、康养等特色产业、优势产业，打造特色鲜明的产业新生态。

5.3.4　提升创新能力增强落后地区内生发展动力

树牢人才是第一资源的发展理念，完善人才管理服务体系，深化科技人才的支持作用，推动公共服务均等化，营造人才发展新生态，提高科技创新成果转化水平和产业竞争力，增强落后地区经济发展内生动力。进一步增加对高校、院校等科研机构，尤其是中西部和北部地区相关机构的财政支持力度，提高教师和科研人员待遇，激发科技人员创新能动性。进一步提高对企业研发支出的抵扣和奖励力度，鼓励企业创新，尤其是针对中西部和北方的地区的相关政策要更加积极。加大“僵尸国企”出清力度，淘汰生产效率低下且占用大量资金的劣质企业，在国企中推行股权激励、加快混合所有制改革，激发国企领导干部和员工的工作热情和创新积极性，提升拥有更多国企的北方地区的创新活力（徐鹏杰和黄少安，2020）。增强京津冀城市群作为北方地区创新资源的聚集地的牵头作用，发掘北方地区的高等院校和科研机构的创新资源优势，构建产学研相融合的科技创新体系，引导科研资源向企业集中，提高科技成果转化率。加强东西部地区人才合作，发挥国家宏观统筹和地区间协同力量，探索人才“东智西进”的制度措施，推动东西部人才协同模式、平台、路径的创新和完善。加大人力资本公共投资，增强社会流动性（李莹，2022）。持续增加农村教育投入，优化改善教育教学条件，推进城乡学校共同体建设，促进城市优质教育资源向农村覆盖延伸。

5.3.5　持续加大财政金融倾斜支持力度

适度授权地方政府特别是中西部地方政府在一定幅度内调高资源税税率，并将地方对矿产资源产品征收的基金纳入资源税，增加税收收入归地方财政使用，增加的税负通过资源性产品价格的提高转嫁至资源加工和使用环节。中央财政资金应优先在中西部地区安排资源开发和基础设施建设项目，以及对老工业基地的改造实行投资倾斜。持续加大中央对中西部地区的财政转移支付力度，重点支持中西部地区教育、科技的发展和人力资本开发。可以借鉴国外按地区类别确定存款准备金率的经验，由中国人民银行按东部、中部、西部三大地区确定比例递减的存款准备金率，以刺激中西部的贷款投资。在贷款投向上，按照国家总体产业发展规划确定贷款的投放顺序和规模结构，对东部地区重点支持技术密集、知识密集型产业，对中部地区重点向能源、原材料等基础产业倾斜，对于西部地区则要重点支持基础设施和资源开发等产业。积极发展中西部地区的资本市场，择机在中西部地区设立新的证券交易所。探索建立专营政策性开发业务的中西部开发银行，提高中西部地区自筹开发基金的能力。

6 行业收入差距与共同富裕

党和国家始终把实现全体人民共同富裕摆在重要位置，党的二十大报告把全体人民共同富裕作为中国式现代化的五大特征和本质要求之一，并把逐步实现全体人民共同富裕写入党章。行业收入差距事关共同富裕的社会发展导向，行业收入差距过大会制约经济社会发展活力，降低中低收入群体干事创业的主观能动性，导致社会贫富差距扩大，成为影响社会和谐的不稳定因素。因此，将行业收入差距控制在合理范围，不断增强全体人民共享经济社会发展成果的获得感，成为实现共同富裕的题中应有之义。对此，需要准确把握当前我国行业收入差距的现状及变化趋势，分析导致我国行业间收入差距的深层次原因，并采取针对性措施加以缩小，让行业间收入差距保持在合理范围之内。

6.1 我国行业收入差距及其演变

一般而言，在经济发展的初级阶段，一定的行业收入差距有利于经济

发展和创新活力的激发，而在经历一段时间后，过大的行业收入差距反过来将阻碍经济进一步向前发展。有学者研究表明，改革开放的前30年，行业收入差距与经济增长具有同向变动的趋势，也就是行业平均收入差距的扩大对经济增长起到了正向的激励作用。然而，近年来行业收入差距逐渐成为共同富裕美好愿景实现的关键阻碍，因此缩小行业收入差距势在必行。目前，对行业收入差距进行衡量的指标主要有两类，极值差是绝对衡量指标的代表，而极值比、变异系数是相对衡量指标的代表。本书主要采用这三种指标比较我国行业间的收入差距。

国民经济行业分类是中华人民共和国国家标准，规定了全社会经济活动的分类与代码。这种行业分类不是一成不变的，而是随着经济社会发展需要动态调整的。1984年，由国家统计局、国家标准局、国家计委、财政部联合制定的《国民经济行业分类与代码》（GB 4754—84）是国民经济行业分类国家标准的最初版本，之后分别于1994年、2002年、2011年和2017年进行了4次修订，现行的是2017年版本，该版本将国民经济划分为了19个大的门类（除国际组织外）。考虑到统计数据的一致性和可比性，2003年之前的行业门类划分与2003年之后的存在明显差异，最新的《中国统计年鉴2022》也公布了自2003年以来按照最新行业划分标准的各行业的平均工资状况，因此本书选取的行业收入差距数据比较的起始点定在2003年。

6.1.1 行业间收入差距呈先缩小后扩大倾向

从城镇非私营单位分行业的平均工资来看，2003年平均工资最高的行业是信息传输、计算机服务和软件业，该行业平均工资达到30897元，是同期平均工资最低的农、林、牧、渔业的4.49倍。此后一直到2015年，平均工资最高行业与最低行业之间的相对收入差距总体呈现缩小态势，由2003年的4.49倍降至2015年的3.59倍。但是自2016年开始，行业间的收入差距又开始有所扩大，2021 年收入最高的行业仍然是信息传输、计算机服务和软件业，而收入最低的行业却从农、林、牧、渔业变成了住宿和餐饮业，两者之间的比值为 3.76。

与此同时，随着我国全面建成小康社会，消除绝对贫困，进一步巩固拓展脱贫攻坚成果，促进脱贫攻坚与乡村振兴有效衔接，不断加大对农村地区的转移支付力度，农、林、牧、渔业相关从业人员的收入增长明显加快，使该行业的平均工资超过了住宿和餐饮业。从城镇私营单位分行业的平均工资来看，2009~2013 年，平均工资最高的行业与最低的行业其收入差距在不断缩小，2014 年之后行业间的收入差距明显扩大，甚至超过了 2009 年的水平。城镇私营单位和非私营单位分行业间收入差距的相对变动通过变异系数也能很好地反映出来，二者的曲线均呈现出先下降后上升的走势（见图 6-1）。

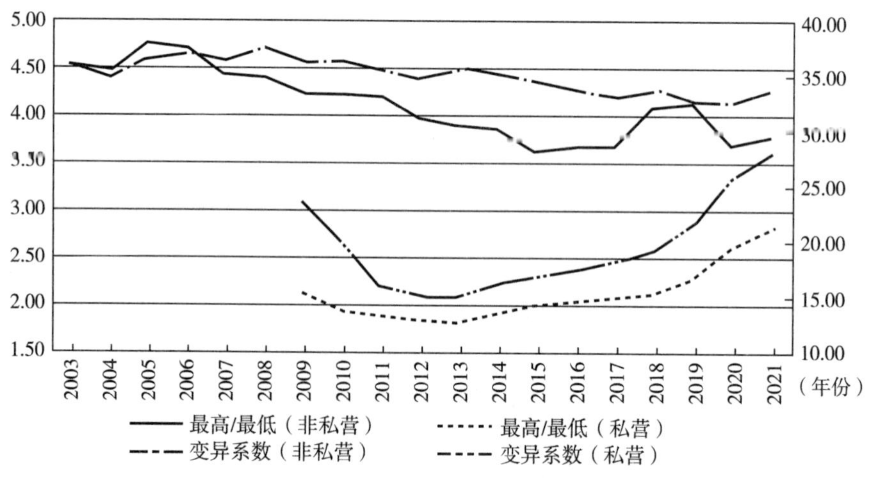

图 6-1　2003~2021 年城镇非私营与私营单位分行业工资差距

资料来源：国家统计局。

6.1.2　行业间不同类型非私营单位收入差距差别较大

国家统计局每年还公布分登记注册类型的城镇非私营单位从业人员平

均工资数据，分析2021年的数据后可以发现，19个行业中分国有、集体与其他单位的收入差距存在较大差异。从城镇非私营单位总体看，国有单位平均工资最高，其他单位次之，集体单位最低，其变异系数为16.11%。分19个行业具体看，交通运输、仓储和邮政业三种注册类型单位之间平均工资的相对差异最大，变异系数达到33.54%，而公共管理和社会组织三种单位类型之间平均工资的相对差异最小，变异系数仅为4.18%。从图6-2还可看出，除了交通运输、仓储和邮政业不同注册类型之间的平均工资相对差异较大外，电力、燃气及水的生产和供应业不同注册类型之间的平均工资相对差异也较大。主要是因为这些行业属于高度垄断行业，国有经济相对其他类别的经济而言占据绝对优势，因此其收入差别较大。与此同时，批发和零售业，以及水利、环境和公共设施管理业这两个行业与公共管理和社会组织这一行业类似，其不同注册类型间的工资相对差距最小，主要是由于这些行业要么属于竞争性较强的行业，要么多临时聘用人员，学历层次相对较低，因此其工资收入差别较小。除此以外，数据反映出制造业，以及信息传输、计算机服务和软件业平均工资差异也不小，主要原因在于这两个行业集体单位发展活力不足。从外因来看，所处政策环境的“不平等”是主要因素。长期以来，同为公有制经济的重要组成部分，集体单位的许多政策却一直是参照国有单位政策执行。而集体单位由于基本法律关系不同，无法完全参照有关政策，使其在改革和发展中遇到的许多问题得不到及时解决（苏雪明和胡超，2015）。从内因看，自身产权关系复杂导致活力不足是主因。集体单位由于创建时间不同，经济成分千差万别，难以进行清晰的产权划分，同时产权关系的相对复杂还容易衍生出“纷繁不清”的债务债权问题，制约了单位改革创新的步伐，造成这两个行业集体单位从业人员工资增长落后。

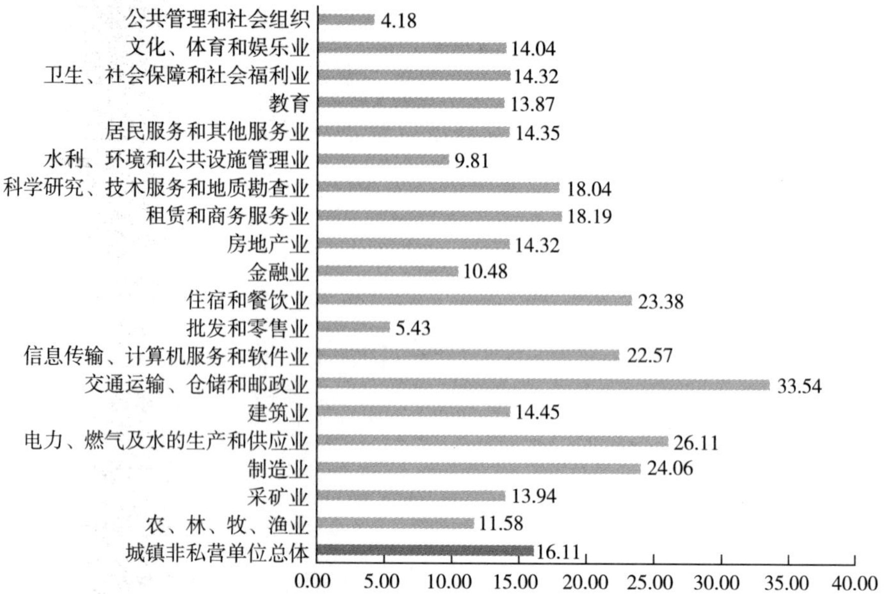

图 6-2　2021 年不同注册类型城镇非私营单位工资变异系数

注：城镇非私营单位按登记注册类型分为国有单位、集体单位、其他单位三类。

资料来源：国家统计局。

6.1.3　非私营与私营单位行业收入差距总体呈“U”形趋势

按非私营与私营单位划分来看行业间收入差距可以发现，总体而言，非私营单位各行业与私营单位各行业间收入差距呈现先缩小后扩大的“U”形趋势。2009 年，城镇非私营单位所有行业平均工资为 32244 元，同期私营单位为 18199 元，二者之比为 1.77；到 2014 年，两者之比缩小至 1.55 的最低值；从 2015 年开始，两者之间的收入差距又开始逐步扩大，到 2021 年收入之比已经升至 1.70（见图 6-3）。但仔细分析 19 个行业非私营与私营单位从业人员平均工资之比后发现，有些行业非私营单位与私营单位的收入差距在持续缩小，与行业总体收入差距走势相背离。这些行业主要归为

两类：一类是国有经济占比较高的行业，如金融业、电力、燃气及水的生产和供应业，以及信息传输、计算机服务和软件业，这些行业非私营单位与私营单位间收入差距缩小的主要原因在于政策效应。2009 年，中华人民共和国人力资源和社会保障部等六部门出台《关于进一步规范中央企业负责人薪酬管理的指导意见》，对央企高管发出“限薪令”；2015 年 1 月 1 日起，国有银行董事长、行长、监事长及其他副职负责人的薪酬，也按照国家关于中央管理企业负责人薪酬制度改革的意见执行。限薪令的出台和落实对缩小非私营与私营单位间的收入差距起到了明显作用。另一类是竞争性较为充分的行业，如住宿和餐饮业以及居民服务和其他服务业，这些行业非私营单位与私营单位间收入差距缩小的主要原因在于民营经济的快速发展。由于进入门槛较低，加之国家大力鼓励支持民营经济加快发展，这些行业的市场主体快速增长，不少私营单位发展潜力大、活力强，积极采用高薪留住人才、股权激励科研人员等方式进行生产经营，使其从业人员的收入与非私营单位之间的差距显著缩小。

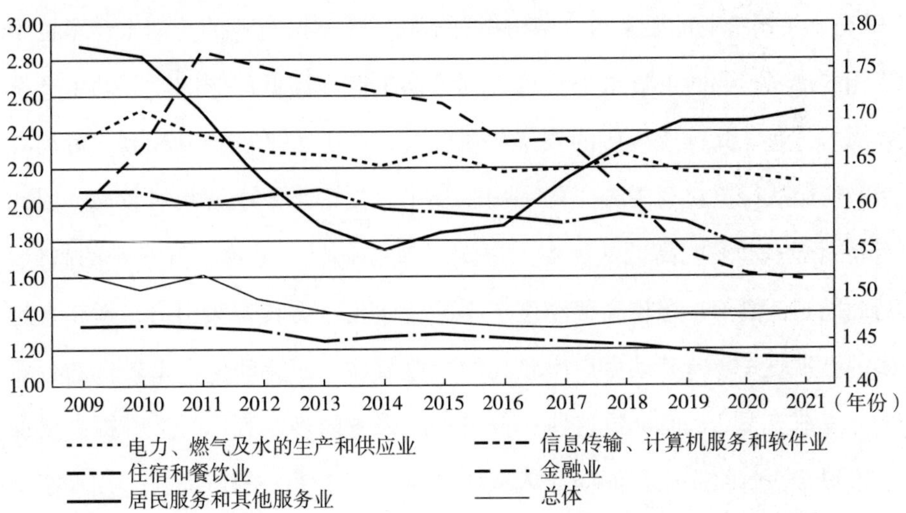

图 6-3　2009~2021 年城镇非私营与私营单位总体及部分行业平均工资比

资料来源：国家统计局。

6.2 当前我国行业收入差距的成因剖析

造成当前我国行业收入差距的原因是多方面的，不同行业劳动生产率的差异是决定行业收入差距的根本原因，劳动者的人力资本差异是行业收入差距形成的重要内因，而产业结构变迁和市场垄断是影响行业收入差距的外部要素。

6.2.1 劳动生产率差异是行业收入差距的决定因素

根据生产理论和广泛使用的柯布—道格拉斯生产函数，产出是由劳动、资本、技术这三种要素组合决定的。按照产出对不同要素的贡献依赖程度，可以将行业划分为劳动密集型、资本密集型和技术密集型（董小燕，2011）。不同行业的要素组合结构相对不同，使不同行业的劳动生产率也不尽相同，而行业的工资水平直接受到劳动生产率高低的影响。劳动生产率越高的行业，其行业生产的效率相对较高，产出水平也相对较高，劳动者个人所能从行业获利中分享的利润就越多，工资水平也就相对较高，因此劳动生产率水平的高低从根本上决定了该行业职工平均工资水平的高低。与此同时，由于具有较高劳动生产率的行业相对更具有吸引力，使越来越多的高素质人才向劳动生产率较高的行业流动，而劳动生产率较低的行业人才逐渐流失，从而导致这些行业发展越来越困难，劳动生产率提高更加缓慢艰难，由此造成行业间收入差距的进一步扩大。相对而言，技术密集型和资本密集型行业劳动生产率相对较高，而劳动密集型行业劳动生产率相对较低，因此技术密集型和资本密集型行业的职工拥有更高的平均工资水平。

6.2.2　人力资本差异是行业收入差距的内在关键

人力资本理论认为，人们进行教育、培训等人力资本投资是为了获取更高的回报，前期进行人力资本投资越多，未来的劳动报酬应该更高。因此，不同行业间职工所拥有的人力资本不同，行业间存在收入差距是必然的。人力资本对行业收入差距的影响又可以分为两方面。一方面，劳动者受教育程度不同，其教育回报率便会有所差异，劳动者的显性人力资本也就存在差异，进而导致工资收入差距的产生。同时，工资水平较高的行业往往对劳动者具有更大的吸引力，只有那些受教育程度较高、综合素质较强的劳动者能够有机会进入到这些行业中，由此在高收入行业中形成人力资本聚集。如此循环往复，也就出现了高人力资本的劳动者进入高收入行业，而高收入行业反过来继续吸引更多高人力资本劳动者的进入，导致行业收入差距进一步扩大。另一方面，劳动者的社会关系、健康状况甚至性格、颜值等隐性人力资本不同也会造成工资收入差距的产生。

6.2.3　产业结构变迁是行业收入差距的重要推手

产业结构变迁会使社会对于不同生产要素的需求发生改变，从而影响不同要素所有者的报酬。伴随产业结构升级，不同行业所面临的市场需求环境、行业竞争程度等因素不尽相同，从而使各行业的生产效率和产出增长率也不同。在产业结构变迁的过程中，朝阳产业相比传统产业具有附加值高、市场需求旺盛、劳动生产率高等优势，经济效益较好，因而其产业的要素所有者也能获取更高的收入；而传统产业多数市场需求已经饱和甚至萎缩，产品的附加值含量低，劳动生产率偏低，对职工能力要求相对较低，导致其行业整体收入水平也较低。具体来看，近年来随着我国经济社会发展和人民生活水平的提高，对第三产业特别是生产性和生活性服务产品的需求不断加大，使这类服务行业的劳动报酬得以迅速提升，如金融业、信息传输、计算机服务和软件业等行业从业人员的报酬增长始终处于领先地位。而相比之下，如农、林、牧、渔业等传统行业和劳动密集型行业的社会需求在相对减少，行业发展亟须进一步转型升级，提升产业的附加值，导致这些行业的劳动者报酬相对较低。

6.2.4　市场垄断是影响行业收入差距的外部环境

依据效率工资理论，拥有市场垄断力量并以此获得高额利润的行业会支付高工资，从而导致垄断性行业的收入水平超过各行业的平均收入水平。这种垄断力量的来源主要分为两方面，一方面是自然资源垄断，另一方面是行政干预垄断。自然资源垄断的行业对能源、电力、矿产等资源拥有绝对的控制权，其他企业想要进入行业内会因为生产成本过高而难以进入，行业内的垄断企业便由此拥有市场的产品话语权，从而能获取超额垄断利润，并将其中的一部分给予从业者，导致该行业的收入水平整体提高，这类行业包括采矿业以及电力、燃气及水的生产和供应业等。对于行政干预造成垄断的行业而言，由于受到各种政策福利的倾斜支持，该行业在与其他行业竞争的过程中便会更多地掌握高质量的社会资源，为获取高额垄断利润打下基础，同时这样的行业还容易吸引具有更高社会资本的劳动者加入，从而形成企业本身的社会资本与其从业人员社会资本双叠加的更强的“马太效应”（杜丁一，2013），由此造成行业收入差距不断扩大，这类行业包括金融业，以及信息传输、计算机服务和软件业等。此外，多数垄断行业对于个人资本进入都有所限制，从而影响劳动者的公平竞争。

6.3 缩小行业收入差距的对策建议

针对上述导致行业收入差距形成的原因，笔者认为需要不断优化低收入行业组织管理模式、鼓励技术创新以提高劳动生产率，加强对劳动者的教育培训、完善就业市场以提升人力资本及其配置效率，优化产业结构调整方向、明确支持重点以更好地发挥产业转型对缩小收入差距的牵引作用，打破行业垄断、规范收入分配秩序以遏制垄断行业的过高收入。

6.3.1 优化组织管理，鼓励技术创新

抓住行业间劳动生产率差异是导致行业收入差距的决定因素这一主要矛盾，一方面，在产出相对固定的前提下，通过减少投入提高劳动生产率。完善劳动生产率偏低行业组织机构中的岗位设置与职能划分，科学设岗，精益定员，定期分析组织机构、岗位职责、班组设置现状及人员结构、人员素质及人员结构比例存在的问题，及时进行调整，做到人尽其才。合理调配生产设备、物资等各种资源，提高劳动力与行业组织内部各种生产要素的综合资源配置效率，切实提升收入较低行业的劳动生产率。另一方面，在投入相对固定的条件下，努力增加产出。这就需要在财政、税收等方面给予适当支持，鼓励低收入行业开展技术创新，不仅通过完善市场机制让更多市场主体自发进行创新投入，还应利用公共资金引导更多私营资本投入激励创新的经济活动中，通过提高科技水平从而加快提高低收入行业的劳动生产率，进而达到缩小行业收入差距的目标。

6.3.2 强化教育培训，完善就业市场

一是应继续加大对基础教育的投入，提高国家财政教育投入占 GDP 的比例，完善九年义务教育制度，稳步提高义务教育年限，持续增加对农村地区以及经济不发达地区的教育对口支援力度，推进素质教育和公共教育服务均等化改革，在保障教育质量的前提下提高人均受教育机会和人力资本积累水平。二是加大人力资本投资，特别是加大对低层次人力资本的在职培训，促进人力资本在行业整体提升。加强对低收入行业劳动者的职业教育扶持力度，通过让更多低收入行业就业群体接受职业技能培训，增强人力资本存量，提高生产能力，提高他们的收入，形成人力资本提升与收入增加的良性循环。三是建立规范化的劳动力市场，减少不正常干预劳动力市场、影响市场竞争性的制度障碍，优化人力资本在各行业间的配置，进一步消除造成劳动力市场分割的因素，破除影响劳动者自由流动的壁垒，增加劳动力市场的流动性，为各类劳动者提供平等的就业机会。

6.3.3 优化产业调整，明确支持重点

不同技术进步路线下的产业结构转型可能给行业工资收入差距变化带来差异化影响，要在加快产业结构升级和缩小行业收入差距的双重目标平衡中找到合适的产业发展政策，明确重点支持产业。要大力发展以先进技术、资金、创新为支撑，同时又具备较强的就业吸纳能力且平均劳动报酬水平较稳定地处于中等位置的行业，以发挥其更加突出的增加劳动报酬、缩小行业收入差距的作用（李涛明等，2013）。而对于农、林、牧、渔等传统低收入但关系国计民生的行业，国家应在产业政策上给予特殊的支持和照顾，派遣相关行业专家进行交流指导，通过科学技术等手段增加低收入行业的产品附加值，帮助此类行业主动开拓新的增长点来激发内生动力以

推动人均工资收入快速增长（段伟花等，2022），并对从事相关专业的大学毕业生等高素质人才给予更大力度的补贴和相关政策优惠，减少高素质人力资本的流失，构建起符合传统产业发展和升级需求的人力资本结构，切实缩小与其他行业间的收入差距。

6.3.4 打破行业垄断，规范分配秩序

首先，要打破行业市场垄断，对于自然性垄断行业，要最大限度地引入竞争；对于行政性垄断行业，则要放宽市场准入条件，清除各种市场准入壁垒，在不涉及国家战略安全的领域进一步放宽市场准入限制，缩小垄断行业超额利润，着力营造多种所有制经济平等竞争的市场环境（任国强和尚金艳，2011）。其次，要加强对垄断性行业从业人员特别是高级管理人员工资、福利的监督和管理，更好地发挥企业工资指导线制度的作用，指导和约束垄断行业各类企业合理确定工资，坚决取缔各种不合理、不合法的收入。最后，要精细化改进工资与效益联动机制，完善制定非充分竞争类行业企业工资增长调控目标的原则方法，规范津补贴和福利发放，严格执行收入公开披露和监督检查制度。此外，对于新型垄断行业或企业，要强化市场竞争监管，规范企业自主定价或行业标准的行为，健全收益分配信息披露机制，充分发挥社会监督、政府监管、行业自律三方协同作用，防止新的不合理收入差距出现。

7 跨越中等收入陷阱与共同富裕

扩大中等收入群体是推动共同富裕取得实质性进展的关键（王淑芹，2022），共同富裕的社会应当形成中等收入群体占绝大多数的“橄榄型”社会结构。国际经验表明，一个国家只有形成足够规模并且相对稳定的中等收入群体，将收入差距控制在一定合理的范围内，才能够成功跨越中等收入陷阱，实现经济的可持续发展和社会的繁荣稳定。一个国家也只有成功跨越了中等收入陷阱，才能有效扩大需求、增强经济发展动能，才能增进社会认同、实现社会和谐稳定，最终达到物质和精神的全面共同富裕阶段。因此，必须对当前我国跨越中等收入阶段的发展状况进行分析，研判未来跨越中等收入陷阱可能面临的重大挑战，汲取先行国家的经验教训，以期成功跨越中等收入陷阱。

7.1 我国跨越中等收入阶段的发展状况

近年来，随着我国经济总量的持续跃升和居民收入的快速增长，我国

中等收入群体不断扩大，总体已经迈入中高收入经济体行列，接近高收入国家门槛。但是也应看到，当前我国中等收入群体的收入份额有所下降，跨越中等收入陷阱的基础还不稳固，并且农村地区的收入分化程度相比城镇仍然偏大，收入差距的不平衡矛盾仍然较为突出。

7.1.1 我国中等收入群体规模不断壮大

目前对于“中等收入群体”这一概念国内外学者的研究已经广泛涉及，但至今为止尚未形成明确统一的划分标准。对于国内研究而言，相对比较权威的、被大家普遍公认的是国家统计局提出的划分标准。根据这个标准，中等收入群体是指一家三口采用 2018 年价格计算出的家庭年收入在 10 万~50 万元的群体。数据显示，2002 年我国中等收入群体占全国总人口的比重仅为 1.6%，到 2021 年这一比重已经上升至 34.3%，大约占全国总人口的 1/3（杨修娜，2023）。我国中等收入群体的规模已经超过 4 亿人，相当于美国总人口的 1.25 倍，也相当于日本、德国、英国、法国、意大利这几个发达国家的人口之和。由此可见，无论在绝对数量上还是在相对占比上，我国中等收入群体都已经明显壮大了。

7.1.2 我国已成功接近高收入国家门槛

世界银行的国家收入分类标准，是国际社会分析研究世界各主要经济体经济社会发展状况、发展趋势、发展水平和发展差距的重要工具，也是国际社会公认的权威划分依据。世界银行主要依据人均国民收入（GNI）来衡量各国经济发展水平，将 189 个成员国和 28 个人口超过 3 万的经济体划分为低收入、中等偏下收入、中等偏上收入和高收入，并根据通胀水平于每年的 7 月 1 日进行动态调整，2021 年世界银行对各经济体划分标准如表 7-1 所示。

表 7-1 2021 年世界银行各经济体划分标准

分组	标准（人均 GNI）
低收入经济体	1045 美元及以下
中等偏下收入经济体	1046~4095 美元
中等偏上收入经济体	4096~12695 美元
高收入经济体	12696 美元及以上

资料来源：世界银行。

如图 7-1 所示，1990 年我国人均 GNI 仅有 349 美元，尚未达到当年中等偏下收入国家的门槛线；1998 年我国人均 GNI 增加至 815 美元，成功跨过了中等偏下收入国家门槛线；2010 年人均 GNI 进一步增加至 4531 美元，迈入了中等偏上收入国家行列；2021 年我国人均 GNI 为 12438 美元，离高收入国家门槛线 12696 美元已十分接近。

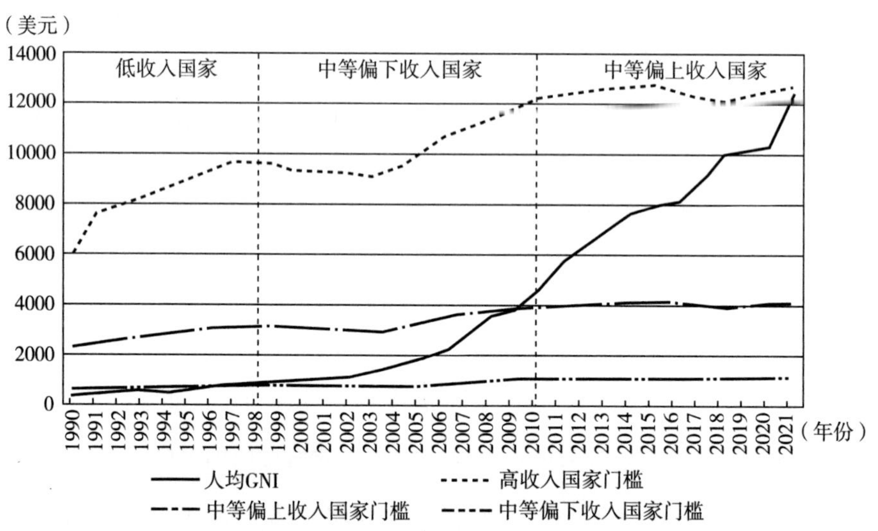

图 7-1 1990~2021 年我国人均 GNI 及其与世界银行标准比较

资料来源：国家统计局、世界银行。

7.1.3　我国中等收入群体收入份额有所下降

根据世界不平等数据库发布的数据，如果将其中统计的税前国民收入中间的40%人群定义为中等收入群体，那么可以看出，1978 年其收入所占份额为47.0%，而到了 2021 年这部分人群的收入所占份额下降至42.9%，累计降低了4.1 个百分点。与此同时，税前国民收入最高的10%人群所占收入份额从 27.8%升至 43.4%，税前国民收入最低的 50%人群所占收入份额由 25.2%下降至 13.7%，可见收入分配更加向高收入人群集中，收入不平等程度有所上升。但是，与主要发达经济体、亚洲邻国和金砖国家相比，中国收入不平等扩大程度相对较小，政府为抑制收入差距扩大所采取的措施取得了积极的效果。如图 7-2 所示，1980~2020 年，中国税前国民收入中间的40%人群收入份额累计下降了4.2 个百分点，而同期美国下降了5.5个百分点，日本下降了 5.8 个百分点，俄罗斯、印度和南非分别下降了15.9 个、16.7 个和10.8 个百分点。这一时期，只有巴西中等收入群体收入份额上升了2.0 个百分点，但是这与巴西本身中等收入群体占比较低高度相关，巴西在20 世纪掉入“中等收入陷阱”之后经济社会发展长期停滞，中等收入群体增长缓慢。此外，在比较的主要经济体中，只有韩国中等收入群体收入份额降低幅度小于中国，表明其收入分配相对均衡。

7.1.4　我国农村地区收入分化程度高于城镇

如果将全国城镇和农村居民按照五等份进行收入分组可以发现，2013年城镇高收入组家庭人均可支配收入大约是城镇低收入组家庭的5.84 倍，到了 2022 年这一数值扩大至6.32 倍，9 年间累计扩大幅度为8.2%。而对于农村居民而言，其收入最高的20%人群与收入最低的20%人群收入之比由2013 年的7.41 倍扩大至9.17 倍，累计扩大幅度达到23.8%（见图 7-3）。这

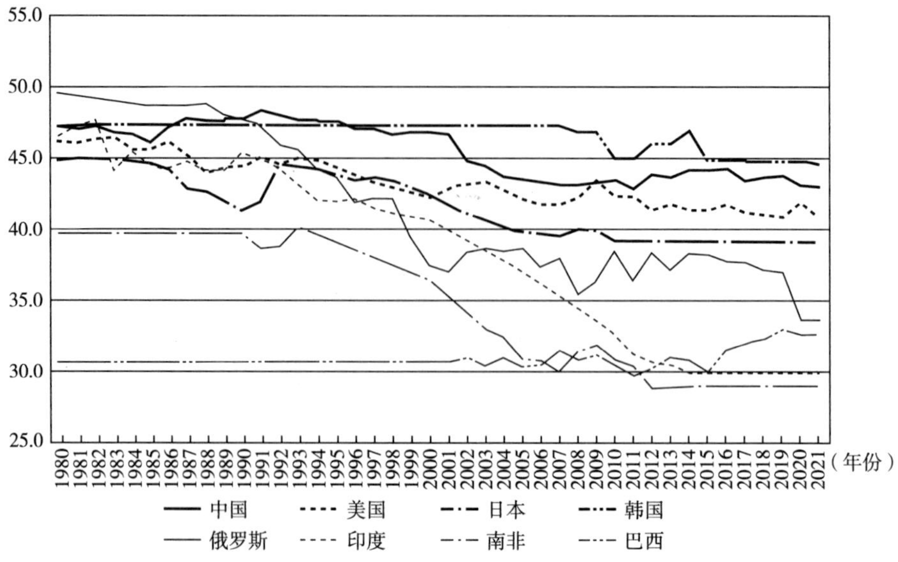

图 7-2　1980~2020 年中国与主要经济体中等收入群体收入份额变化

注：中等收入群体指税前国民收入中间的 40% 人群。

资料来源：世界不平等数据库。

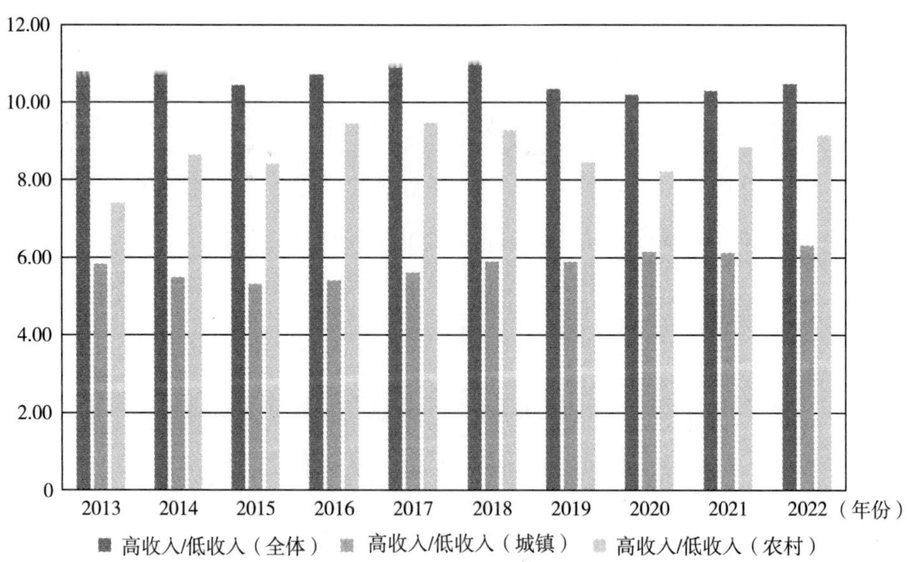

图 7-3　2013~2022 年全国及城乡高低收入人群人均可支配收入比

资料来源：国家统计局。

表明相对于城镇地区，农村地区的收入差距明显拉大。造成农村地区收入分化程度高于城镇地区的主要原因在于，农村居民的收入来源相对较为单一，以经营性收入为主，农村的高收入群体一般都是村里的能人或者大户，掌握的土地、资本等要素资源和生产资料比较丰富，与低收入群体之间的差异较大，而城镇地区居民的素质水平和要素资源均衡程度相对较高，因此其收入分化程度不及农村地区。这一状况也说明虽然目前我国已经接近高收入国家的门槛，然而收入差距的不平衡矛盾仍然突出，且在农村地区表现更为明显。

7.2 未来我国跨越中等收入陷阱面临的挑战

展望未来，在我国跨越中等收入陷阱的过程中，面临着经济社会发展“未富先老”、社会向上流动性约束仍存、居民负债水平偏高、资本无序扩张等问题挑战，如果这些挑战不能及时有效得到化解，很可能阻碍我国成功稳定迈入高收入国家行列。

7.2.1 “未富先老”导致居民增收动能减弱

根据生产函数理论，劳动力作为一种要素投入，直接决定了最终产出水平。近年来，我国劳动年龄人口规模和占比持续下降，与此同时，60 岁以上老年人口的占比持续攀升。从全球范围来看，不同国家的经济发展阶段与人口红利有着密切的联系，一般而言，享受人口红利的国家能够保持较快的增长速度。世界银行除了将不同经济体按照人均 GNI 水平划分为不同收入类型之外，还按照人口转变阶段将经济体发展过程划分为四个阶段。

第一阶段是前人口红利阶段，在这个阶段生育率很高，剩余负担重，但劳动力相对缺乏，尚未形成人口红利；第二阶段是早期人口红利阶段，这一时期很多劳动力成长起来，带来了一定的人口红利；第三阶段是晚期人口红利阶段，人口老龄化开始出现但尚不严重，仍有足够的劳动年龄人口带来人口红利；第四阶段是后人口红利阶段，这一时期人口老龄化程度加深，劳动年龄人口不足凸显。从总体上看，目前我国人口已经进入晚期人口红利阶段，随着生育率的持续走低，未来老龄化进程将会加快，然而我国人均 GNI 水平刚刚接近高收入国家门槛，西方发达国家则是稳定达到高收入国家之后才出现严重老龄化现象。因此，“未富先老”现象将导致我国潜在增长水平面临下滑可能，导致居民增收的动能减弱。

7.2.2 社会流动性约束仍存制约“扩中”

从社会变迁的视角来看，畅通良性社会流动的途径和通道是稳步扩大中等收入群体，成功跨越中等收入陷阱的基石。根据流动的方向，现实中的社会流动可以分为垂直流动和水平流动，对于扩大中等收入群体而言，需要的是低收入群体在代内或者代际间垂直良性的上升运动。社会流动性约束是指社会个体难以通过自身努力实现社会阶层垂直上升流动的一种现象，在社会流动性约束下，低收入群体持续不断地努力在社会良性流动中的边际收益不高，长此以往低收入群体将可能失去创新进取的动力而选择“躺平”。较低的社会流动性将造成社会僵化和阶层固化，是导致收入不公平、分配不均等、经济社会脆弱的重要深层次原因。

近年来，各领域存在的机会不平等，制约了不少潜在中等收入群体收入增长的潜力。例如，不少农民工在劳动力市场上仍面临或多或少的就业歧视，难以实现与城镇居民同工同酬，不少灵活就业人员没能享有基本的社会保障待遇；一些边远山区的孩子仍然面临辍学的风险，不少农村中小学生无法得到优质的基础教育资源，严重制约他们未来在劳动力市场的竞争力和获取收入的能力，也降低了通过提升人力资本向上流动的可能性；城乡土地产权不平等，农村集体土地入市范围受限，宅基地流转范围狭小，限制了农村居民通过获取财产收益增收的潜能。

7.2.3 居民负债偏高增加增收的脆弱性

近年来，我国居民部门进入了高负债、高杠杆的阶段，中国社会科学院发布的报告显示，我国居民部门杠杆率在2009年为23.5%，到2022年升至62%左右；居民总负债规模从2009年的73万多亿元增加至2021年的200多亿元，人均负债高达14.3万元。虽然与全球主要发达经济体相比，我国居民杠杆率和总债务水平仍然较低，但是增幅却明显高于这些国家。按照国际清算银行（BIS）的数据，中国居民部门的杠杆率由2008年的17.9%升至2020年的67.1%，增量在所统计的43个国家和地区中位列第一。居民债务负担过重将导致一旦中等收入群体中收入偏低的部分人群受到工作变动、失业、家庭变故、疾病和自然灾害等不确定因素冲击，其家庭可能遭遇债务危机，导致其滑落为低收入者。如果将家庭年收入大于10万元小于12万元（位于中等收入群体下限附近）的人群视为容易遭受债务危机的“脆弱”中等收入群体，那么目前国家统计局公布的4亿多中等收入群体中有1亿人将属于这类人群（杨修娜，2023），并且在农村地区表现更为突出。因为相比于城镇居民，农村居民的就业和收入存在更大的不确定性，且享有的公共服务和社会保障水平偏低，一旦负债水平过高导致家庭债务危机，随时面临滑落出中等收入群体的风险。

7.2.4 资本无序扩张造成贫富分化加剧

资本具有逐利的本性，在社会主义市场经济条件下，资本的存在有其历史阶段的合理性，但也要警惕资本无序扩张所带来的危害。一方面，资本的逐利性和金融创新泛滥，促使不少实体企业谋求多元化经营，造成高负债和高杠杆现象出现，容易出现兑付和违约风险，甚至诱发破产倒逼危机，可能造成社会总财富的缩水；另一方面，近年来如雨后春笋般兴起的平台企业和互联网企业往往依托资本、高杠杆和技术垄断等实现监管套利，由此引发日益突出的社会财富分化问题。从历史的角度看，拉美国家由于大规模财政赤字和滥发纸币引发严重通货膨胀，造成贫富差距扩大，拖累经济增长，而经济增速的放缓使资本收益率超过经济增长率，强化资本积累在获取财富中的比重，导致贫富差距进一步扩大，由此形成恶性循环，并最终陷入中等收入陷阱而无法自拔。因此，必须在利用好资本的同时，抑制资本的无序扩张，积极促进社会财富公平积累。

7.3　先行国家跨越中等收入陷阱的经验教训

纵观全球各国的经济发展史，在 20 世纪 60 年代初期曾有 100 多个国家进入了中等收入国家行列，但后来仅有少数国家成功跨越中等收入陷阱进入了高收入国家行列，且不少是小国，其余国家则继续停留在中等收入阶段，甚至滑落为低收入国家。因此，可以说落入中等收入陷阱是一个普遍性现象。为此，我们必须充分吸收借鉴成功跨越中等收入陷阱国家的经验，汲取失败国家的教训，少走弯路，实现中等收入阶段向高收入阶段的历史性跨越。

7.3.1 先行国家跨越中等收入陷阱的成功经验

在亚洲地区特别是同属于东亚范围内的日本和“亚洲四小龙”，是被国际社会公认为成功实现由中等收入向高收入跃升的经济体，因此其发展经验更值得我国借鉴。这些经济体在从中等收入阶段迈向高收入阶段的过程中，无一例外地采取了及时转变经济发展方式、依靠创新驱动增长，注重改善收入分配结构、避免贫富两极分化，充分培养挖掘人才红利、增强经济发展的智力支撑等方式，成功跨越了中等收入陷阱，实现了中等收入向高收入的平稳过渡并最终稳定在高收入阶段。

一是及时转变经济发展方式。发展经济学理论告诉我们，在一个国家经济发展的初级阶段，往往需要通过引进和模仿发达国家和地区的先进技术实现技术追赶，通过出口自身具有比较优势的劳动密集型产品积累经济起飞所需的资本，并通过劳动力从低效率部门向高效率部门转移以提升劳动生产效率，实现经济社会的快速发展。然而，这种模式在进入中等收入阶段之后，所带来的红利效应将逐步丧失。仅靠引进和模仿技术已无法满足超越式发展的创新需求，劳动密集型产品不再具有比较优势，经济增长的驱动力减弱，经济社会发展陷入停滞甚至倒退。因此，在向高收入阶段迈进的过程中，如果没有及时转变经济发展方式，形成以技术创新为依托的新增长动力，就难以成功跨越中等收入陷阱。

从现实经验来看，日本、韩国等成功跨越中等收入陷阱的一个重要经验，就是在经济发展早期阶段的学习和模仿发达国家先进技术的过程中，重视技术的消化、吸收和再创新，而不是简单地照抄照搬，从而使后来能逐渐实现技术赶超（陈锐，2022），以技术创新引领产业创新，进入了国际价值链分工的高端，通过全要素生产率的提升促进国民经济的继续快速发展和财富的进一步积累。从日本的经济发展史来看，20 世纪 50 年代初日本以“贸易立国”，帮助其从“二战”废墟中重建并跨入了中等收入国家行列，之后日本适时调整其战略，转变为“技术立国”，大幅度增加企业和国家的研发投入，逐渐由低技术出口国转化为中高科技出口国，实现了国民收入倍增并最终进入高收入国家行列。韩国则在20世纪80年代提出“产业结构高级化”的政策目标，改变过去以增加资金、劳动力等投入为主的粗放型发展战略，转而主要依靠增加研发投入、鼓励创新为主的提高产业科技含量的发展道路。为此，韩国大力发展以电子工业为核心的技术知识密集型产业，将汽车、造船、机械等产业的制造工程逐步转移出去，国内产业发展主要聚焦于研发、设计等前端工程及营销、售后服务等后端高附加值工程，从而使韩国在全球产业调整过程中抢占了先机，完成了由中等收入国家向高收入国家的跨越。

二是注重改善收入分配结构。稳定的社会环境是经济社会持续快速发展的基础，收入分配是否公平可能是决定一国能否摆脱中等收入陷阱的最关键因素。但凡那些成功跨越中等收入陷阱的国家，都建立了良好的收入分配制度与合适的税收调节机制，解决了发展过程中的收入差距扩大问题，形成了稳定的“橄榄”型社会结构，有效避免了社会矛盾的集中爆发。

从国际经验看，日本和韩国在从中等收入阶段向高收入阶段迈进的过程中，也出现过贫富差距过大的问题，但两国均能积极采取措施，努力增加低收入者特别是农民的收入，最终缩小了贫富差距。日本在1960年开始实施“国民收入倍增计划”，该计划实施7年后实现了充分就业和国民收入的翻番，显著地缩小了各个阶层之间的贫富差距，城乡之间的差距基本被消除。同时，阶层贫富差距的缩小和城乡差距的消除增加了中产阶级的数量，为日本社会形成中产阶级占大多数的“橄榄”型社会结构奠定了坚实的基础。韩国自20世纪70年代起实施了“新村运动”（郑之杰，2014），20世纪80年代又出台了《最低工资法》，通过土地改革和最低工资保障制

度增加了农民收入，同时，还通过税收政策调整初次分配格局，并通过社会保障措施调整再分配格局。到 1980 年前后，韩国的基尼系数明显降低，收入分配趋于均等化，1991 年，基尼系数进一步降低至 0. 26，社会高收入阶层与低收入阶层的收入差距明显缩小，中产阶级在全部人员中的比重已经达到 75. 2%（焦晓云，2016）。所以，日本和韩国正是因为在经济社会发展的过程中重视收入分配结构的改善，稳步扩大了中等收入群体，保持了社会的和谐稳定，才最终成功跨越中等收入陷阱。

三是充分培养挖掘人才红利。根据人口转变规律，随着经济社会发展水平的提升，老龄化现象将日益凸显，这也就意味着在经济发展初期阶段劳动力数量丰富的比较优势将逐步丧失，潜在经济增长率有向下走低的趋势，将导致经济增长面临放缓。但如果在早期经济发展的过程中注意积累培养人力资本，就能够在人口数量红利逐渐消失的同时充分挖掘人才红利，从而延缓潜在经济增长率降低的趋势，拉长经济保持较快增长的时间区间，从而为跨越中等收入陷阱提供足够的人力资本需求，支撑经济高质量创新发展。

韩国在 20 世纪 70 年代提出了“科教兴邦、教育立国”的发展规划，提出了要进行全民教育，培养 21 世纪需要的人才。为此，韩国政府加大了对教育的资金投入力度。1975 年，韩国公共教育经费占国民生产总值的比重仅为 2%，到了 1984 年，这一数值已经提高至 14%。同时，韩国政府还鼓励社会力量及国外教育资金进入本国教育领域，逐步放宽了民间办校的限制，减免了很多学校的税收，还对部分学校给予了一定的财政补贴。在政府的强力支持下，各类民间高校层出不穷，尤其是中高等教育学校的增长尤为迅速，韩国的高中入学率由 1980 年的 50%上升到 1990 年的 90%。丰富的储备人才为韩国之后成功迈入高收入国家提供了强有力的支撑。

新加坡很早就提出了“全民教育”理念，政府每年拿出 GDP 的 4%用于对国内教育的投资，学校的教育设施和师资力量得到了较大的提升。同时，发动社会各界力量全面提高国民职业素质，成立职业与工业训练局，促进职业教育的多形式、多渠道发展，弥补了产业升级所急缺的高端技术人才。此外，还通过优厚待遇从国外引入大批高端学者，提供极具竞争力的薪酬和福利待遇，打造合理而庞大的人才梯队，满足其快速经济增长的人力资本需求。在新加坡政府的一系列努力下，人才特别是创新型人才的集聚为成功跨越中等收入陷阱提供了关键的人才保障。

7.3.2 先行国家坠入中等收入陷阱的历史教训

先行国家坠入中等收入陷阱后经济社会发展长期停滞最典型的代表就是巴西、阿根廷等拉美国家，这些国家早在20世纪60年代末到70年代初就已经达到了中等收入国家的水平，然而目前它们仍然停留在这个水平，无法实现向高收入经济体的跨越。究其原因，是经济转型失败造成发展失速失衡、未处理好收入两极分化问题造成社会动荡、宏观政策进退失据操作不当共同导致的。

一是经济转型发展失败。前文已经提到，在经济发展的早期阶段，低收入国家能够利用自己相对丰富的劳动力或者自然资源等比较优势，扩大相关产品出口以完成经济起飞的原始积累，迈入中等收入阶段。然而，达到中等收入阶段后，一方面，中等收入国家较难具备高收入国家所拥有的强大技术创新能力，其产品的附加值难以进一步明显提升，出口竞争力下降；另一方面，劳动力、自然资源等成本不断上升，相对其他落后的低收入国家而言不再具有比较优势，导致仅依靠出口初级产品或简单加工产品的发展模式难以为继。由于经济不能够成功转型，没有通过创新形成新的增长点，原有的僵化的经济制度大大地降低了资源的配置效率，难以支撑经济可持续发展，也就导致经济社会发展长期停滞徘徊，未能进入高收入

国家行列。

二是社会矛盾积累激化。大部分长期滞留在中等收入阶段的经济体的突出表现就是未能处理好公平与效率的关系，分配方式不合理、收入差距过大、劳动者报酬过低、土地和社会财富分配不均、社会阶层固化等，造成基尼系数居高不下，社会矛盾积累激化，不少国家甚至遭受了严重的社会危机和政治动荡。20 世纪 70 年代，拉美国家的基尼系数普遍维持在 0.44~0.66，其中巴西在 20 世纪末的基尼系数仍然高达 0.64。贫富差距过大、社会财富集中在少数人手中，一方面导致中低收入者的消费能力不足，消费对经济发展的拉动作用减弱，经济发展停滞；另一方面使国民倾向于通过投票选出新政府来加强再分配，而再分配过程中政府的过度福利化倾向又导致财政负担更加沉重，最终导致高福利模式的崩溃（Wang et al.，2021）。

三是宏观政策进退失据。不少拉美国家在 20 世纪 30 年代末实施了“进口替代”的工业化战略，这在其早期经济发展中发挥了重要作用，但是在此过程中，外汇管制、进口许可证、高关税等措施，严重扭曲了市场、汇率、价格和工资，限制了经济进一步发展的空间并导致社会矛盾加剧、经济发展陷入停滞。随后，拉美国家受“新自由主义”思想的影响，转向“出口导向型发展模式”，实行完全的商品市场和资本市场开放。结果由于“进口替代”战略需要实行贸易保护政策以保护国内脆弱的工业，过早的开放政策最终导致工业化的失败与国际收支的失衡、外债高企。这时候面对经济危机，拉美国家又采取了反通胀、借外债、消民怨等“头痛医头，脚疼治脚”的临时性措施，脱离本国财政金融水平实际，照搬西方高福利制度，并继续维持“举债增长”的发展战略，导致长期矛盾无法解决，短期问题又不断丛生，最终坠入中等收入陷阱中无法自拔。

7.4　我国成功跨越中等收入陷阱的对策建议

稳定扩大中等收入群体是成功跨越中等收入陷阱的关键所在，为此必须从三个方面做出努力，可以概括为“稳住存量、扩大增量、提高质量”。“稳住存量”就是要巩固现有中等收入群体，确保他们的收入持续较快增长；“扩大增量”就是要帮助目前处于低收入群体的人群多渠道致富增收，尽快进入中等收入群体行列；“提高质量”就是要加大对目前处于脆弱边缘的中等收入群体的支持力度，防止他们因各种原因再次滑落为低收入群体。

7.4.1　稳住存量，夯实中等收入群体的增收基础

一是以经济持续稳定发展带动中等收入群体增收。紧紧抓住新一轮世界科技革命带来的战略机遇，深化供给侧结构性改革，进一步推动产业结构升级，通过科技创新驱动高质量发展，稳妥推进新旧动能转换，实现经济方式和发展模式的转型（刘宇，2021），增强中国经济社会发展的内生增长动力，为企业和居民拓宽财富增长空间。二是加大教育投入释放人力资本红利带动增收。加大基础教育投入，以培养创造力和创新精神为导向提升高等教育办学质量，增加中等收入群体的创新型人力资本。同时，深化职普融通、产教融合、校企合作，加快构建面向普通劳动者特别是新生代农业转移人口的现代职业教育体系，增加中等收入群体的技能型人力资本。三是防范资本无序扩张，严惩权力寻租的腐败行为，避免挤占和侵蚀中等收入群体的社会财富。规范和引导资本良性发展，使资本合法生产经营谋

利，减少或避免少数为富不仁者掠夺社会财富；遏制权力扩张，把权力关进制度的笼子里，封堵权力腐化的贪财索贿之路，避免贪官污吏侵占有限的社会财富。

7.4.2 扩大增量，促进低收入群体加快向上流动

一是增强低收入群体的收入创造能力。建立健全针对低收入群体的劳动技能提升、再就业培训等制度，鼓励企业和社会公益组织发挥各自力量，投入公益培训教育。针对农村地区低收入群体开展农业农技、普惠金融教育、生态旅游产业等相关技能培训，帮助其拓宽收入来源。鼓励有条件的地方建设老年大学、中老年培训教育机构等，鼓励和引导低收入家庭中老年人再就业。二是打通低收入群体向上流动通道。促进人力资本公共投资均等化，均衡配置义务教育、职业教育和高等教育资源，缩小城乡、地区、校际硬软件差距，缩小不同人群在获得受教育机会、受教育质量方面存在的差距。深化户籍制度改革，破除制约人口、资本、技术等要素资源自由流动的体制机制障碍，使人人都有通过勤奋劳动实现自身发展的机会。三是健全完善收入分配制度。提高劳动报酬在初次分配中的比重，健全工资合理增长和支付保障机制，努力推动居民收入增长与经济增长同步；加大税收、社会保障、转移支付等再分配手段的调节力度与精准性，增加政府的社会性支出（王磊，2022）；提高城市低收入者和农民的股息、利息、红利及土地增值收益等财产性收入，提升居民的理财水平。

7.4.3 提高质量，防范脆弱群体因各种原因返贫

一是降低中等收入群体的生活负担与生产经营风险。持续改善营商环境，减轻税费负担，优化金融服务，帮助中小企业主和个体工商户稳定经营、持续增收，尽可能避免其因风险冲击滑出中等收入群体行列。构建更

加公平、更可持续的社会保障制度，完善城镇职工基本养老、城乡居民基本养老、城镇基本医疗、失业、工伤、生育等保险制度，健全社会救助体系，提高社会福利水平。二是巩固拓展脱贫攻坚成果。通过开展乡村建设行动、深化招商引资、发展设施农业、培育壮大合作社等方式，为农民提供多种就地就近就业机会，有力有序组织好农村地区剩余劳动力转移就业，完善工商资本下乡项目及乡村振兴产业项目与农民利益的联结机制（秦晓茹，2023）。三是做好新就业形态劳动者的权益保障。尽快构建完备、精准的新就业形态社会支持制度体系及配套措施，适时修订完善劳动法、劳动合同法、社会保险法等相关法律，加大现行社保制度改革力度，建立一套与互联网平台用工模式高度适配、灵活可行的社会保障体系，确保灵活就业人员不因失业、家庭变故、工作变动、自然灾害等不确定因素的冲击而滑落为低收入群体。

8 缩小收入差距实现共同富裕的路径研究

党的二十大报告指出，中国式现代化是全体人民共同富裕的现代化。党的十九届五中全会审议通过的《中共中央关于制定国民经济和社会发展第十四个五年规划和二〇三五年远景目标的建议》也明确提出，到 2035 年，我国“人均 GDP 达到中等发达国家水平”“全体人民共同富裕取得更为明显的实质性进展”“更加积极有为地促进共同富裕”。收入分配制度是促进共同富裕的基础性制度，优化收入分配格局、努力缩小收入差距，让所有人都过上体面的生活，是实现共同富裕的题中应有之义。因此，本章旨在通过梳理发达国家调节收入差距的政策经验，形成相关政策借鉴启示，结合党的二十大精神和共同富裕的阶段性目标，研究提出未来一段时期内缩小收入差距实现共同富裕的总体思路、阶段性目标，并按照确保收入分配起点公平、过程公平、结果公平的逻辑框架构建出适合我国国情的缩小收入差距的公共政策体系，以务实有效的政策举措切实缩小收入差距，为实现共同富裕终极目标奠定现实基础，也是本书研究的最终落脚点。

8.1　发达国家调节收入差距的政策经验

纵观世界主要经济体的发展过程，不论是发达国家，还是发展中国家，都曾经历过收入差距扩大、不平等程度加剧的问题，只是由于各个国家的发展历史和文化制度背景不同，呈现出不同的特点而已。缩小收入差距、规范收入分配秩序，构建公平合理的收入分配格局是世界各国人民普遍追求的共同愿望，对于实行社会主义制度的中国而言更是如此。发达国家在不同的历史时期和经济发展阶段采取了相应的措施努力缩小收入差距，包括税收政策、社会保障政策、就业政策等各方面，形成了相对比较系统的调节收入差距的公共政策体系。全面研究梳理发达国家曾经采取的缩小收入差距措施，可以为制定我国缩小收入差距的政策提供有益的借鉴参考。

8.1.1　构建调节过高收入的税收政策体系

税收政策是发达国家调节收入差距普遍采用的做法，且取得的效果相对较好，其中，个人所得税、遗产税和财产税这三种税收制度是调节收入差距的主要手段。相较而言，个人所得税征税的对象更为广泛，税源较为分散，工薪阶层、富人阶层都可以成为其征收的对象；而遗产税和财产税则主要是针对富人阶层征收的税种，群体相对固定且较小。不过征税的目的都是合理调节过高收入，限制财富在富人阶层中的代际转移。

一是通过个人所得税制度调节过高收入。英国是世界上最早完成工业化的国家，其收入和贫富差距问题暴露得也较早，因此从 1799 年开始英国政府就采用征收个人所得税的方式来调节收入。1973 年英国加入欧共体之后对个人所得税征收实施三级超额累进税率，最高边际税率为 40%。法国的个人所得税是以家庭为对象来征收的，如果一个纳税户仅有夫妻两人，那么以两人总收入除以 2 作为税收基数；如果家庭中有 1 个小孩，则小孩算半个份额，以总收入除以 2.5 作为税收基数。法国个人所得税也采取超额累进税率，从而使高收入家庭成为个人所得税的主要税源，保证了低收入家庭免缴或者少缴个人所得税。相对于欧洲发达经济体而言，美国的个人所得税税率要低一些，但其调节收入的效果比较明显。例如，1991 年美国 50%的低收入者税前收入所占比重为 14.9%，而税后收入比重上升至 16.45%；收入最高的 10%人群缴纳的个人所得税占比达 55%，而 50%的低收入者缴纳的个人所得税占比仅 4.8%。日本征收个人所得税的时间也较早，可以追溯至 1887 年，此后日本政府多次提高个人所得税税率并扩大税收基数。1950 年以来，为了刺激战后经济复苏及消费，日本政府开始减免个人所得税，到 20 世纪 90 年代以后又进一步降低累进税率并提高个人所得税起征点（闫坤等，2022）。

二是通过遗产税制度调节过高收入。遗产税是对财产所有人去世后留存的财产进行征税，也叫作死亡税。西方主要发达经济体普遍采取了遗产税政策，以达到促进财产占有机会均等的目的。不同国家或地区对于遗产税的税率、税基、起征点（免税额）的差异较大。英国早在 1694 年就开征了遗产税，为防止富人通过提前转移财产逃避遗产税，税法还规定了继承人除要对死者遗留的财产缴纳遗产税之外，对于死者 7 年之内赠与的财产也要按照不同的税率缴纳赠与税，税率最高可达 40%。美国的遗产税征税对象为美国公民或居民死亡时拥有或被推定拥有的财产，包括不动产中的有形个人财产、无形个人财产、现有动产及被继承人死亡前 3 年内赠与的财产，此外还包括死亡后的国外财产。美国遗产税实行 17 级超额累进税率，在执行中实行“先税后分”，也就是先缴纳遗产税，然后再分配税后遗产。

日本对遗产税征税则是采用继承税制，即根据各个继承遗产数额的多少课税。20 世纪 90 年代之后，其遗产税税率最高达 70%，如果按此税率连征三代，相当于 97. 3%的税率，可以说实现了“富不过三代”（张瑾，2014）。

三是通过财产税制度调节过高收入。财产税是对纳税人所拥有的财产或属其支配的财产课征的税收，目的是防止财产分配不公平状况进一步恶化，抑制收入差距的继续扩大。财产税的主要税种包括房屋税、土地税、财产税、不动产税、不动产转让税、资本利得税、土地增值税，等等，覆盖财产的转让、占有、使用、收益各个环节。例如，法国通过财产转移税、财产升值税、巨富税等方式调节居民的存量财富，其中巨富税是对拥有一定数额财富者征收的税种，又被称为“团结互助税”。当个人拥有的财富超过一定的限额时就必须缴纳这种税，并且财富越多，缴纳的税额也就越多，税率从 0. 55%~1. 65%不等，具有很强的“劫富济贫”特点。同时，为了更好地征收财产税，防止富人群体掩盖其真实财富水平，大多数发达经济体普遍建立了一套规范而严密的财产登记系统和完整的财产评估制度，有效防止富人偷税漏税。例如，英国有专门的部门对土地价值进行评估，资本税收办公室有一个处专门开展知识产权等无形资产评估，对于金银珠宝、首饰、文物、古玩、艺术品等则采用专家评估法。美国实施严格的税收稽查制度，一个人从一出生开始就拥有唯一的社会安全号码，每个人的经济活动和财务状况均和该号码相挂钩。

8. 1. 2 制定覆盖全面基本的社会保障制度

社会保障制度，是指国家通过立法的形式，强制建立基金，使公民在年老、疾病、失业、工伤、生育及遭受意外灾害的情况下，可以得到一定经济补偿的保障性制度。国际经验表明，建立合理的社会保障制度对于防止两极分化、避免社会动荡具有重要作用。

一方面，构建更加完备的社会保险体系。美国社会保险通过政府立法强制实施，雇主和雇员共同承担保险费用，其内容涵盖养老、医疗、失业、残疾、工伤与职业病等方面，实施对象是所有劳动者和退休人员，但政府只提供基本保障，并在主要领域体现一定的社会共济与再分配原则。如联邦养老保险的平均替代率只有42%，但对于低收入者替代率升至60%，而对于高收入者降至28%。法国则对生活在贫困线以下的人及赤贫者实施免费医疗政策，并且还规定只要是年满60周岁、工龄和缴纳退休金达到37.5年的劳动者，都可以退休并领取退休金，领取金额相当于近十年最高工资平均数的50%。此外，法国还建立了统一的失业津贴制度，并提供多子女家庭补助、住房补贴、家庭补充收入等家庭保险项目。作为高福利国家，瑞典完备的社会保障体系为本国公民及其家庭成员在养老、医疗、教育、居住、子女抚养、就业援助甚至休假等方面，提供了各种保障措施。日本则实施的是“全民皆保险”制度，主要包括医疗保险、社会福利、公共卫生、养老金、公共援助等多种形式，还有专门针对工伤、残障人士及失业人员的社会保障（谢红艳，2007）。以医疗保险为例，它由以雇佣劳动者为对象的健康保险和以个体劳动者、无固定职业者、农林渔业者等其他非雇佣劳动者为对象的国民保险组成，可以说覆盖了全体适龄劳动群体。日本厚生劳动省一项对收入再分配的调查结果显示，经过社会保障调节后的基尼系数要比未缴纳社保基金前低0.1~0.2个百分点，再分配率在4%以上，表明社会保险制度较好地改善了收入分配失衡和社会不公平问题。

另一方面，着力完善社会救助措施。公共援助作为美国实施社会救助的一项重要措施，是政府对困难群众的兜底保障，也是缩小收入差距的重要手段之一。美国的公共援助资金由联邦、州和地方政府三方共同出资，主要是针对低收入者和位于贫困线以下的人员进行社会补助救济，主要包括以下几项计划：一是医疗援助计划，该计划的援助对象主要是老人、盲人、儿童和残疾人；二是社会援助计划，该计划的援助对象是抚养未成年子女的贫困家庭，尤其是母亲作为家长的单亲家庭；三是联邦补充保障收入计划，该计划主要针对的是65岁以上的老人、盲人和残疾人；四是食品券补助计划，该计划的补助对象是那些净收入不到官方贫困线一半的家庭。英国政府也对贫困群体非常重视，社会救助的项目很多，主要包括低收入家庭救助、老龄救助、儿童救助、残疾救助、失业救助及疾病救助等。其中，低收入家庭救助是对收入低于官方规定贫困线家庭的救助，救助金随政府规定的贫困线标准而变化；老龄救助主要是对年满80岁、没有资格享受养老金或只有少量养老金的老年人给予补助；残疾救助包括残疾人的保姆补贴、活动补贴和重残补贴；疾病救助则是对特别贫困的病人提供疾病补贴。德国的社会救助对象主要是一般低收入家庭和特殊困难家庭。除了为这些家庭补助食品费、生活费、燃料费及杂费等日常生活费外，还包括为其代为缴纳医疗、养老保障费、支付丧葬费等。同时，儿童补贴也是德国社会救助的重要内容，只要有子女的家庭都可以得到家庭津贴，且子女越多得到的家庭津贴也越多。此外，凡是收入不足以租住“适当面积住房”的德国公民都可以享受国家提供的住房补贴，所谓的“适当面积住房”指的是成人每人12平方米、孩子每人4平方米。

8.1.3　实施促进机会公平的教育就业政策

公平的教育机会在国民经济初次分配中具有基础性的调节作用，特别是在当前数字经济迅猛发展、科技进步日新月异的今天，人力资本对财富占有的影响越来越大，受教育水平的高低成为能否摆脱贫困、缩小收入差距的关键。因此，发达国家普遍通过提供公平的受教育机会，解决低收入者无力进行人力投资而造成收入差距进一步扩大问题。同时，通过反就业歧视保障公平就业、清除制约劳动力流动的体制机制障碍等方式，确立劳动者在国民收入初次分配中的地位和收入水平，控制收入差距。

一是推行免费义务教育。不少发达国家实行免费的义务教育，经费全部由政府承担，目的是给低收入者提供更多的受教育机会，让低收入者更有信心和能力去创造财富，促进整体国民素质提升，缩小不同人群间的收入差距。例如，19 世纪初，德国颁布了《初等义务教育法》，成为世界上最早普及义务教育的国家。学生在小学到中学阶段无须缴纳学费和书费，基础教育阶段的学校经费由地方政府解决。初中毕业后实行“职普分流”，学习成绩较好的学生进入普通高中学习并于 4 年后进入大学学习；而其余学生进入职业学校，3 年后毕业进入就业市场。1881 年，法国颁布的第一个《费里法案》规定初等教育免费，此后 1882 年颁布的第二个《费里法案》决定对 7~13 岁的儿童实行义务教育。到了 1936 年，又将义务教育的年龄段扩展至 14 岁，1959 年进一步延长至 16 岁（李玲，2015）。教育经费主要由中央政府承担，剩余部分由地方政府承担，并向低收入家庭学生提供免费午餐。日本宪法规定，全体国民享有接受均等教育的权利，全体国民依法具有令自己的子女接受普通教育的义务，义务教育是免费的，根据 1947 年颁布的《教育基本法》和《学校教育法》，义务教育的年限为 9 年。加拿大拥有完善的义务教育保障制度，政府提供 12 年的免费义务教育，费用全部由政府承担，此外还配套实施了家庭牛奶津贴制度、单身母亲津贴制度以及免费的医疗制度，解除接受义务教育阶段学生家庭的后顾之忧。

二是普及推广高等教育。“二战”以后，公民的民主意识日益增强，许多国家先后出现了民权运动和争取高等教育权利的斗争，高等教育普及化进程提速。普及推广高等教育，使原本只有贵族精英阶层才能享有的高等教育机会逐渐扩大到普通公民，对于低收入人群人力资本的积累，进而增加他们进入就业市场的学历“筹码”具有关键作用，客观上促进了收入差距的缩小。1968 年，法国大学生举行抗议示威，要求争取更加宽松的教育机会，从而迫使政府改革原有的高等教育制度，扩大高等教育数量，以保障更多人享有接受高等教育的机会。到1995年，法国高等教育的毛入学率达到49.6%，稳步进入了高等教育普及化阶段。1985年，英国提出了“向所有能够从中获益，并希望接受高等教育者提供高等教育机会”的新的高等教育发展原则，这一原则为英国高等教育的加快发展铺平了道路。到1995年，英国高等教育的毛入学率达到48.3%，和法国一起步入了高等教育普及化阶段。日本在1947年制定了《教育基本法》，其中规定全体国民均有按其能力享有接受教育的平等机会，高等教育获得了迅猛发展。20世纪70年代以后，日本又进一步提出终身学习理念，并在20世纪80年代的教育白皮书中指出：“为社会人士扩大学习机会是大学的社会责任。”在这一时期，通过承认私立高等学校的地位和建立两年制高等教育，实现了“普及高等教育”的目标。

三是通过反就业歧视保障公平就业。美国国会于1964年通过了《民权法案》，禁止基于种族、肤色、性别、宗教和地域的歧视，并于第二年成立专门解决就业歧视问题的机构——美国公平就业机会委员会。此后，美国政府还颁布了一系列涉及就业歧视问题的具体法律，包括1967年的《就业年龄歧视法案》、1972年的《公平就业机会法》、1978年的《怀孕歧视法》、1990年的《残疾人法案》，等等。1976年，英国也设立了公平就业委员会，该机构可直接向雇主提问并从回答中寻找相关证据，还可以为受害人准备起诉书，全权代表其参加诉讼。1997年，澳大利亚政府颁布的《联邦劳资关系法》规定，在劳动场所禁止歧视，内容包括种族、肤色、性别、性偏好、年龄、智力残疾、婚姻状况、家庭责任、怀孕、宗教、政治观点、民族血统或社会出身，所有职工都享有最低工资保证，同工同酬等保护措施。从整体来看，发达国家反就业歧视的做法主要通过两种方式：一种是加强对用人单位用人自主权的法律规范，另一种是建立专门的机构从组织上保

障劳动者就业平等权的实现。

四是清除劳动力流动的体制机制障碍。在劳动力转移流动过程中往往存在各种显性和隐性的体制机制障碍，这些障碍制约了劳动力的自由有序流动，不利于劳动者获得公平的就业机会。为了消除这种障碍，保障劳动者都能获得公平的就业机会，发达国家采取了很多措施清除限制劳动力流动的体制机制障碍，包括修改法律、法规及制度等。早在工业化之前，英国、德国和日本就通过修改法律措施消除限制人口和劳动力迁移的障碍。例如，英国通过修改《定居就业与救济》和《贫民迁移法》，扩大贫民的居住地范围；在《德意志联邦共和国基本法》中制定相关条款，为劳动力自由流动和自由择业提供了法律保证。美国各州宪法也制定了关于人权不受侵犯的条款，不为劳动力流动设置障碍。以上措施均为发达国家劳动者获得公平的就业机会奠定了制度基础。

8.1.4 完善协调区域发展的均衡发展制度

为了抑制地区间收入差距扩大，发达国家普遍采用区域经济政策，通过建立财政转移支付制度、构建反贫困调节制度和建立区域合作帮扶制度等措施，为落后地区的发展提供各种优惠措施和政策倾斜，加快落后地区经济社会发展，促进落后地区居民收入增长提速，以达到缩小地区收入差距的目的。

一是建立财政转移支付制度。财政转移支付制度是一项国家为保证各地区均衡发展而制定的资金转移制度安排，发达国家都把建立规范的财政转移支付制度作为平衡地区差距的重要手段之一。德国联邦政府要求富裕地区将部分财政盈余转移到贫困地区，同时对贫困地区进行补充拨款和纵向转移支付，让各地的财政收入均等化，以确保各地区经济社会和福利水平保持相对均衡发展。意大利则明确规定财政转移支付的目标是保证各地区居民能够公平享受相同或者大致相等水平的公共产品与公共服务。意大利中央政府每年都划拨一部分资金转移支付给欠发达省份，转移支付的额度通过对各省财政收入水平和人均公共服务差距进行精确测算后确定，支持地方政府进行基础设施建设和福利水平改善。加拿大联邦政府根据一定的公式计算出各省的财政收入能力来确定给各省的转移支付额度，按照穷省多得、富省少得或者不得的原则，支持各省的社会服务和社会保障支出。

二是构建反贫困调节制度。美国政府通过制定一系列法案来支持贫困落后地区的开发，如成立“共同体项目”用于支持贫困落后的密西西比河三角区的发展。除此以外，美国联邦政府还通过提供专项资金和税收减免等政策支持该地区发展，使这一地区的贫困率出现大幅下降。日本政府为了促进落后地区的经济发展，在 20 世纪 60 年代至 80 年代，先后制定实施了《山村振兴法》《过疏地域振兴特别措施法》《欠发达地区工业开发促进法》《新产业城市建设促进法》《北海道开发法》等，并配套执行一系列财政和金融政策，达到了促进不发达地区的工业开发、增加就业和缩小地区之间经济差距的目的（姜爱林，2010）。为缩小东西德在经济发展上的差距，统一后的德国政府接连实施了一系列的援助措施，每年把国内生产总值的 3%（约 600 亿欧元）用于东部的建设，进一步采取西部向东部的资金转移和政策倾斜来反贫困。

三是建立区域带动帮扶制度。美国从 20 世纪 60 年代开始成立了地区再开发署等专门机构负责落后地区的开发工作，并以立法形式将其国内 2/3 的贫困县划入 137 个经济开发区，并要求每一个经济开发区建设几个新兴城市，使之成为带动全区经济增长的中心，从而促进落后地区发展、缩小地区差距。正是由于增长点与周围地区的相互促进、相互作用，形成了类似于旧金山那样的区域中心城市，使西部地区的经济社会实现了快速发展，建立起了“中心—次中心—外围”圈层式互动发展的关系结构，并为西部

地区经济发展提供了进一步的支撑。对于日本而言，也是采取了与美国相类似的方法，通过在北海道、九州和冲绳岛地区形成若干个新兴城市群，带动这些落后地区其他区域以及乡村的发展，有效缩小了东京都市圈与其他区域的发展差距，为战后日本经济的腾飞奠定了坚实的基础。

8.1.5 建立保护弱势竞争者的制度政策

在市场经济条件下，维护自由竞争是保证收入分配过程公平的基础。针对垄断和不正当竞争对市场效率的破坏以及由此造成的社会矛盾的激化，发达国家采取了制定颁布反垄断法和相关措施、制定最低工资法、推行工资集体谈判等制度，保持公平高效的市场竞争环境，改善劳动者在劳动力市场中的不利地位，从而保障收入分配过程相对公平，控制收入差距的扩大。

一是制定颁布反垄断法和相关措施。发达国家主要通过立法和司法手段进行反垄断，以保证反垄断的有效实施。德国在 1957 年制定了反垄断的专门法律即《反限制竞争法》，又称《卡特尔法》，将德国社会市场经济的基本原则和国家的竞争政策以法律的形式明确规定下来，以保护竞争自由、防止限制竞争和垄断为宗旨。同时，德国政府高度重视反垄断的执法工作，设置专门的、强有力的执法机关——卡特尔局，并赋予其行之有效的执法手段，并且对于违法企业的处罚也相当严厉，通常以百万马克或企业的 10 倍销售额来计算处罚金额。美国司法部早在 1933 年就成立了反垄断局（又称反托拉斯局），主要负责执行《谢尔曼法》和《克莱顿反托拉斯法》（于哲和陈雪峰，2015）。另外，美国还有独立的反垄断准司法机构——联邦贸易委员会，其负责执行的是《联邦贸易委员会法》和《克莱顿反托拉斯法》及其他一些贸易法规。美国反垄断执法也相当全面有力，其手段包括但不限于罚款、监禁、赔偿、民事制裁直至强制解散等。

二是制定最低工资法。工人作为劳动要素的所有者，与作为资本要素所有者的资本家在劳动力市场谈判中的竞争地位是极为不平等的。而政府通过最低工资立法，能够在一定程度上保障在缔结劳工合同时劳动者获得较为合理的报酬，减少劳工阶级的贫困，平衡资本和劳动的竞争权利和机会。1894 年，新西兰颁布了历史上第一个有关最低工资的立法——《工业调节及仲裁法》，1896 年澳大利亚的维多利亚州也颁布了最低工资法令。此后，主要发达国家纷纷颁布最低工资法或在劳动法典、其他法规中对最低工资作出了相应规定。例如，1909 年英国通过了最低工资法案，规定在一些特殊产业里设立最低工资委员会；1938 年美国颁布了《公平劳动标准法》，其中规定了联邦一级的最低工资标准为每小时 0. 25 美元，此后随物价增加和居民收入水平提高而不断提高；日本先后颁布了《劳动基准法》《最低工资法》《确保工资支付法》等，对企业的工资支付行为进行了约束。

三是推行工资集体谈判制度。工资集体谈判制度指的是通过企业（雇主）与工会（工人）之间的谈判来决定工人工资的一种工资决定方式。工资集体谈判制度对于保证劳动者拥有合理的收入起到了重要作用。瑞典工会在早期的谈判重点主要集中在缩短工人工作时间、改善工作条件，以及提高工人工资等方面，从 20 世纪 30 年代后，其侧重点逐渐转向推动国家福利政策立法、建立失业保险制度及推动住房和养老金改革等。德国政府于 1952 年颁布了《集体合同法》，明确了工会和雇主协会的地位、集体谈判的原则等内容。2010 年，德国的集体协商工资制度已经覆盖了 55%的雇员，其中 50%根据行业标准进行协商。日本工会每年春天也会就工资涨幅与雇主进行谈判，被称为“春斗”，但在经济不景气时期，工会也会主动提出降低工人工资以避免出现可能出现的失业（冯文猛和李恒森，2021）。总之，发达国家建立的工资集体谈判制度平衡了劳资双方的利益，在一定程度上缓解了劳资双方的不平等竞争关系，保证了工人收入的合理增长，对缩小收入差距起到了促进作用。

8.2 总体思路

习近平总书记指出："共同富裕本身就是社会主义现代化的一个重要目标，要坚持以人民为中心的发展思想，尽力而为、量力而行，主动解决地区差距、城乡差距、收入差距等问题，让群众看到变化、得到实惠。"在全面建设社会主义现代化国家的新征程上，必须把实现人民对美好生活的向往作为现代化建设的出发点和落脚点，解决好地区收入差距、城乡收入差距和行业收入差距问题，着力促进全体人民共同富裕。为此，必须坚持以习近平新时代中国特色社会主义思想为指导，坚持以人民为中心的发展思想，正确处理效率和公平的关系，以国民收入初次分配为基础、再分配为保障、三次分配为补充，构建初次分配、再分配、三次分配协调配套的基础性制度安排，着力增加低收入群体收入，巩固扩大中等收入群体比重，合理调节过高收入，坚决取缔非法收入，形成中间大、两头小的橄榄型收入分配结构，促进社会公平正义、促进人的全面发展，努力缩小地区、城乡、行业间收入差距，建立起公正合理的收入分配格局，使全体人民朝着共同富裕目标扎实迈进。

8.3 阶段性目标

党的十九大和党的二十大对全面建成社会主义现代化强国提出了"两步走"的战略安排，其中对推进共同富裕也作出了分两个阶段的明确部署：第一个阶段，也就是到2035年，人民生活更加幸福美好，中等收入群体比重明显提高，城乡区域发展差距和居民生活水平差距显著缩小，基本公共服务均等化基本实现，全体人民共同富裕取得更为明显的实质性进展；第二个阶段，也就是到21世纪中叶，全体人民共同富裕基本实现，我国人民将享有更加幸福安康的生活。2021年8月17日，习近平总书记在中央财经委员会第十次会议上的讲话中对分阶段促进共同富裕制定了更加清晰的时间表和路线图，即到“十四五”末，全体人民共同富裕迈出坚实步伐，居民收入和实际消费水平差距逐步缩小；到2035年，全体人民共同富裕取得更为明显的实质性进展，基本公共服务实现均等化；到21世纪中叶，全体人民共同富裕基本实现，居民收入和实际消费水平差距缩小到合理区间。结合党的会议和习近平总书记的讲话精神，本书提出缩小收入差距实现共同富裕的阶段性目标如下：到“十四五”末，居民收入差距逐步缩小，中等收入群体比重稳步提高，全体人民共同富裕迈出坚实步伐；到2035年，居民收入差距显著缩小，中等收入群体比重明显提高，全体人民共同富裕取得更为明显的实质性进展；到21世纪中叶，居民收入差距缩小到合理区间，形成中间大、两头小的“橄榄型”收入分配结构，全体人民共同富裕基本实现。

8.4　具体实现路径

展望未来，要想缩小收入差距促进实现共同富裕，关键是要建立公平的收入分配格局，而公平的收入分配秩序包括三个组成部分，即起点公平、过程公平和结果公平，整个社会的收入分配公平是分配起点公平、分配过程公平和分配结果公平的统一，缺少其中任何一个环节都不可能是真正的公平。因此，在缩小收入差距的具体实现路径上，必须改进维护收入分配起点公平政策，优化保障收入分配过程公平政策，完善促进收入分配结果公平政策，通过三个环节协同发力、多方政策统筹协调，形成合力将居民收入差距逐步缩小至合理区间，建立起公正合理的收入分配格局。

8.4.1 改进维护收入分配起点公平政策

起点公平对于一个社会形成合理有序的分配格局具有始源性意义。收入分配起点公平的含义主要是指整个社会的权利结构尤其是产权结构的初始规定是正当合理的，各种资源在各地区、各部门、各企业、各群体与诸个体之间具有相对充分的流动性，而非向某些地区、部门、企业、群体或个体高度集中，各种机会对各地区、各部门、各企业、各群体与诸个体普遍平等开放，而非对某些开放，对某些闭锁，全体劳动者都能公平获取相应资源或者得到相应机会，通过劳动创造属于自己的财富。

大力促进教育公平。一是推动公共教育资源区域均衡化配置。合理划分教育领域财政事权和支出责任，落实省级政府统筹责任，切实增强县级基本公共教育服务保障能力。科学预测学龄人口数量变化，按城镇化总体规划和常住人口规模编制城镇学校布局规划，有序扩大城镇学位供给。加大中央在“老少边穷”地区的公共财政经费支出，向农村地区、民族边疆地区倾斜，改善欠发达地区学校校舍建筑、信息化设备等。二是推动优质教育资源共建共享。推广集团化办学，建立区域、城乡“名校+新校+弱校”结合的教育集团，扩大优质教育资源。深入实施教育信息化行动计划，完善国家数字教育资源公共服务体系，推动优质教育资源应用共享。实施“互联网+在地化教育”的策略，大力提升农村教育质量。禁止以任何名义将学校分为重点和非重点，坚持实行小学和初中免试就近入学。加强教师资源的统筹管理和合理配置，促进师资力量的均衡发展。积极推行将优质普通高中招生指标公平分配到初中的办法。三是推动教育资助制度和助学体系更加精准有效。大力提高家庭经济困难学生应助尽助水平，建立健全精准化追踪家庭经济困难学生的认定机制，健全家庭经济困难学生资助体系，改进资助方式，提高资助水平和精准度。保障特殊群体受教育权，常态化开展控辍保学工作。建立各种形式的奖学金制度，实施勤工助学制度，开展特殊困难补助，实行学费减免制度，鼓励社会各界捐资助学。根据经济社会发展水平和国家财政状况，综合考虑物价水平和生活成本等变动情况，完善资助标准动态调整机制，帮助家庭经济困难学生顺利完成学业。

有效维护就业公平。一是着力营造公平就业环境。研究促进平等就业综合性法规和政策措施，出台专门的《中华人民共和国反就业歧视法》来调整就业歧视问题，对就业歧视的概念、适用范围、法律责任、反歧视专门机构和纠纷处理机制、司法救济等作出统一规定，推动消除性别、户籍、身份等各类就业不合理限制，增强劳动力市场包容性。工会、残联、妇联等社会组织应加强正面宣传引导，提高用人单位合法、合规意识和社会责任，健全劳动用工规章制度，积极构建公平的就业环境和社会文化氛围。畅通就业维权渠道，加强司法保护，设立就业法庭或专门机构，并探索设立与平等就业有关的公益诉讼制度等，切实维护劳动者平等就业权益。二是深化人才流动体制机制改革。破除影响劳动力流动的制度障碍，推进平等就业，形成合理、公正、畅通、有序的社会性流动格局。深化户籍制度改革，持续优化积分落户政策、人才引进政策、应届生落户政策等，提升居住证积分公共服务待遇，促进在城镇稳定就业和生活的农业转移人口举家进城落户。深化人事制度改革，突破人才流动的体制“壁垒”和编制“禁锢”，探索跨条块、跨领域、跨层级交流。持续推进技能人才评价机制改革，打破技能人才职业发展“天花板”，并鼓励企业建立与职业技能等级

序列相匹配的岗位绩效工资制，持续拓宽技术技能人才上升通道，打破阶层固化。动态调整最低生活保障、最低工资、失业保险金等待遇标准，切实保障失业人员、困难群体等实现社会上升，防止劳动力流动弱化。三是强化劳动权益保障。统筹维护劳动者权益和企业发展，完善工资收入分配制度，推动构建和谐劳动关系。持续关心关爱农民工、坚决打击拒不支付劳动报酬行为，积极营造不敢欠薪、不能欠薪、不愿欠薪，保障农民工劳动报酬权益的舆论氛围。建立和完善新就业形态职业伤害保障制度，维护灵活就业人员职业伤害保障权益。加强劳动保障监察执法力量，严厉打击“黑职介”、虚假招聘等违法违规行为，维护劳动者合法权益。

积极调节财富代际差距。通过房地产税、遗产税、赠与税等税收制度，调节财富积累的代际差距。一方面，进一步深化房地产税改革试点。在系统厘清房地产经济活动不同环节税种之间关系的基础上，统筹设计房产税种，尽量将各类收费改为单一性税收，纳入公共财政预算体制。应根据住房的套数和面积采取递增累进税率，即持有房产越多、面积越大，设置的税率也就越高，以此增加居民持有房产的成本，缩小因持有房产数量、面积不同而造成的财富差距。适度扩大征收对象，逐步将居民现有的大户型和单价高的住宅也纳入征税对象范围，而不仅是仅针对新房征收。另一方面，积极开展遗产税和赠与税征收制度探索。在遗产税与赠与税出台前，加强介绍和宣传，着重强化对遗产税和赠与税背后的公平、正义和社会责任等价值观的传输和普及，降低民众抵触情绪。可以先选定确定性高、争议较小、容易估值的财产进行试点，再逐步扩大范围。合理确定遗产税的免征额和税率结构，免征额的设置要保证绝大多数居民被排除在遗产税外，累进税率宜减少税率级数，扩大税率级距，尽量降低遗产税的扭曲效应。遗产税推出前，相关机构首先应循序开展广泛调研、反复论证、完善遗产登记和评估制度等工作，其次在全国范围内选择多地进行试点，上报全国人民代表大会，完成遗产税立法，最后在全国范围内推行遗产税。建立和完善税前财产赠与制度，开征赠与税之初可以规定将被继承人死亡之前一定年限内赠与他人的财产并入遗产总额课征遗产税，在征管水平逐步提高，各种条件相对完备的情况下，适时将遗产税和赠与税单独设置并行征收，以更好地弥补遗产税的避税漏洞。

8.4.2　优化保障收入分配过程公平政策

过程公平，就是要确保收入分配的决定机制是公平合理的。为此，要不断完善按劳分配和按要素分配制度，努力提高劳动者报酬在国民经济中所占份额；通过最低工资制度保障低收入人群基本需求；加强对垄断行业的监管，避免因垄断造成行业收入差距过大；依法坚决打击不合理收入和非法收入，规范收入分配秩序。

形成合理的劳动报酬获取机制。一是完善按要素分配制度并向劳动倾斜。保持制造业比重在合理范围之内，提高技术工人特别是一线工人的工资待遇，吸引更多高素质人才加入技术工人队伍，促使高级“蓝领”队伍不断壮大（闫坤和刘诚，2023）。进一步合理界定资本的贡献，保护劳动者应得的份额，并把技术要素、数据要素的收益更多分享给劳动者。更加依赖市场化方式进行工人工资分配，对通过资本和财富获取收入进行一定限制，让劳动、资本等各方收入的差距相对合理。二是深化工资分配机制改革。引导企业在分配制度中进行特别安排，强化工资收入分配的技能价值激励导向，将工资增量的一部分重点向技能要求高及苦、脏、累、险岗位倾斜（王霞，2023）。大力促进企业工资集体协商机制建设，确立集体协商的法律效力。充分利用企业内部沟通协调和民主管理机制，让劳动者更多参与企业劳动管理、工时标准、考核评价、薪酬分配等制度的决策过程。推进行业性、区域性工资集体协商，提高协商形式的多样性和灵活性，突出协商的实效性。保障和提高劳动者在工资等利益协商中的话语权，克服劳资双方力量不对等的问题，按照共建共享、平等协商、公平合理原则决定劳动关系双方利益分配。三是强化劳动者劳动报酬权益保障。强化工资收入支付保障制度，保护合法劳动收入所得，加强对低工资群体的保障托底。提高灵活就业和新就业形态劳动者社会保障水平，做好相关法律法规和政策衔接。加强工会维权职能，丰富维权手段，拓展维权渠道，切实维护劳动者劳动报酬权和社会保障权。建立完善适应灵活就业和新就业形态的劳动报酬权益保障制度。

健全完善最低工资制度。一是合理确定及调整最低工资标准。建立政府、企业和工会（职工）三方协商机制，在充分考量“职工平均工资、经济发展水平、就业状况”等因素的基础上，结合社会平均工资水平和社会保险缴费状况，合理确定最低工资标准。加强对确定最低工资标准考虑因素的日常监测，结合经济运行状况等因素，合理确定和进一步明确最低工资标准的调整频次。二是适时提升最低工资制度的法律层次。在《中华人民共和国劳动法》《中华人民共和国劳动合同法》等法律法规提及最低工资规定条款的基础上，适时升级最低工资规定的行政性法规为专门的最低工资法律法规，乃至将获得最低工资作为劳动者的基本权利写入宪法，提升最低工资制度的法律约束力，强化对劳动创造价值的保护力度。三是完善最低工资制度的监管体系。鼓励和推进工会组织透过集体协商等机制，监督企业遵守最低工资制度，应对有的企业通过增加工作时间等方式规避最低工资制度行为。做好同劳动监察部门关于查处或制裁最低工资违法行为的协调工作，对违反最低工资制度规定的企业，形成强有力“威慑”。四是增强劳动者主动维权意识。不断加大对劳动者关于最低工资制度的宣传、教育，形成劳动者对最低工资制度的深刻理解，在必要时申请劳动仲裁，以最低工资政策维护自己的劳动权益，提高劳动者的维权意识和能力。五是建立最低工资标准的评估机制。在调整最低工资标准之前，对调整后可能产生的对企业经济效益变化，以及社会产业结构变化等的影响进行充分评估，确保在最低工资制度充分发挥积极作用的同时，规避最低工资标准调整所可能导致的消极影响，实现发挥最低工资制度社会政策功能和经济发展功能的和谐统一。

增强对垄断行业收入监管。一是强化竞争最大化缩小垄断领域。在不涉及国家战略安全的领域进一步打破行政垄断，放宽市场准入限制，通过引入民营经济竞争，缩小垄断行业超额利润，从根本上清除垄断性行业高收入的制度性根源。逐步分离自然垄断行业的自然垄断性业务与非自然垄断性业务，对于非垄断性业务实行竞争性经营，放松乃至完全解除管制。对于新型垄断行业或企业，强化市场竞争监管，规范企业自主定价或行业标准的行为，健全收益分配信息披露机制，充分发挥社会监督、政府监管、行业自律等多方作用，防止资本无序扩张。二是加强垄断行业收入监管监督。更好地发挥企业工资指导线制度的作用，指导和约束垄断行业各类企业（不仅限于国有企业）合理确定工资，不仅与企业效益相适应，也要与国家宏观经济形势和劳动力市场供求关系相适应。针对国有企业，要精细化改进工资与效益联动机制，完善制定非充分竞争类国有企业工资增长调控目标的原则方法，规范津补贴和福利发放，严格执行收入公开披露和监督检查制度。完善企业薪酬调查和信息发布制度，重点开展垄断行业企业工资收入分配调查和分析比对，全面掌握垄断行业收入分配水平和差距。三是规范垄断行业的非直接用工行为。既要规范劳务派遣用工和劳务外包，落实按劳分配和同工同酬原则，增强非直接用工群体的知情权、参与权和协商权，推动其共享社会和企业发展成果，又要防止新型垄断行业利用复杂的业务外包和劳务转包、分包形式，规避税收和社保缴费，逃避用工主体责任（王宏和王霞，2021）。四是加强对垄断行业的再分配和三次分配调

节。可以考虑采取适时适度提高股权激励、个人分红收益的适用税率，使资本要素所得与工资薪金等劳动要素所得的税收负担均衡协调。对购置豪华住宅、名牌轿车、奢侈品的垄断行业高收入群体征收特别消费税，进一步抑制垄断行业不合理的过高收入，缩小收入差距。此外，还可鼓励引导垄断行业高收入群体积极参与社会慈善公益活动等。

依法清理规范不合理收入和取缔非法收入。一方面，清理规范不合理收入特别是垄断行业和国有企业的不合理收入。加大对垄断行业和国有企业的收入分配管理，整顿收入分配秩序，清理借改革之名变相增加高管收入等分配乱象。严肃分配纪律，严格清理规范工资外收入，将所有工资性收入一律纳入工资总额管理，不得在工资总额外以其他形式列支任何津贴、补贴等工资性支出，实现收入工资化、工资货币化、发放透明化。另一方面，坚决取缔非法收入。坚决遏制权钱交易，坚决打击获取非法收入的行为，强化权力制约，构建公平竞争的市场秩序和亲清政商关系，进一步净化金融生态、优化营商环境。在做好个人隐私保护的前提下，利用大数据等技术，不断完善收入申报的方式方法。精准识别和打击非法收入，形成对获取非法收入的足够震慑。完善相关法律法规，健全非法收入认定和处罚的法律规定，推进综合监管协同运用。

8.4.3　完善促进收入分配结果公平政策

促进收入分配结果公平，就是要在收入初次分配的基础上，通过税收、转移支付、社会保障、慈善和社会捐赠等再分配和三次分配手段，调节初次分配后仍然存在的收入差距，进一步将收入差距缩小控制在一定的合理范围之内，实现收入分配最终结果的相对公平，以达到全体人民共同富裕的最终目标。

强化税收对收入分配的调节力度。一是完善个人所得税相关制度。建议扩大综合所得范围，将利息、股息、红利所得、财产租赁所得、财产转让所得和经营所得纳入综合所得。逐步取消对国债利息、个人转让上市公司股票取得的收入、持有期超一年的上市公司股票红利所得的免税待遇，考虑开征累进的资本利得税。在公平与效率之间综合权衡以优化税率结构。完善税前费用扣除，建立与通货膨胀挂钩的个人所得税指数化调整机制，对于专项费用扣除标准也应根据经济社会发展、相应开支增加、社会政策需要进行动态调整。二是完善消费税相关制度。扩大消费税征收范围，加大对资源消耗、环境污染物征税，以促进资源节约利用和环境保护。可考虑针对高收入消费，进一步扩大对奢侈品、高档文化娱乐品和医疗保健用品等高消费行为征税的范围。调整纳税环节，由现行生产环节征税转向零售和服务环节征税，以强化消费税在促进公平收入分配、引导合理消费等方面的调节作用。三是完善财产税相关制度。除了对个人持有的房产征收房地产税外，可以考虑对高尔夫球场、别墅、高档娱乐场所、豪华船舶等奢华场所以高额税率课征房地产税。四是提升税收监管水平。完善个人收入和财产申报制度，加强对部分纳税人的重点监控。全面推进税收征管的数字化升级和智能化改造，深化税收大数据共享应用，构建全面的数据共享机制。设置针对高收入、高净值人群的专职管理机构，负责监控管理高收入、高净值人群的涉税风险，开展定期审计工作，精准有效打击个人所得税偷逃税行为。

提升转移支付对收入分配的调节效能。一是进一步优化转移支付制度。合理划分中央和地方事权与支出责任，逐步推进转移支付制度改革，形成以均衡地区间基本财力、由地方政府统筹安排使用的一般性转移支付为主体，一般性转移支付和专项转移支付相结合的转移支付制度。按照中央与地方财政事权和支出责任划分原则，规范转移支付分类设置，厘清边界和功能定位。二是进一步规范一般性转移支付制度。科学设置均衡性转移支

付测算因素、权重，真实反映各地的支出成本差异，建立财政转移支付同农业转移人口市民化挂钩机制，促进地区间基本公共服务均等化（马海涛，2023）。规范老少边穷地区转移支付分配，促进区域协调发展。建立激励约束机制，采取适当奖惩等方式，引导地方将一般性转移支付资金投入民生等中央确定的重点领域。三是进一步强化对专项转移支付制度的管理。充分考虑公共服务提供的有效性、受益范围的外部性、信息获取的及时性和便利性，以及地方自主性、积极性等因素，清理整合专项转移支付。严控新设专项转移支付项目，新设立的专项应有明确的政策依据、政策目标、资金需求、资金用途、主管部门和职责分工。四是进一步完善省级以下转移支付制度。对上级政府下达的一般性转移支付，下级政府应采取有效措施，确保统筹用于相关重点支出；对上级政府下达的专项转移支付，下级政府可在不改变资金用途的基础上发挥贴近基层的优势，结合本级安排的相关专项情况，加大整合力度，将支持方向相同、扶持领域相关的专项转移支付整合使用。五是探索建立横向转移支付制度（白彦，2023）。尽快出台《财政转移支付法》，加大发达地区对欠发达地区的财政帮扶力度，在“对口支援”的基础上，引导和鼓励同级政府间发展制度化、规范化的横向转移支付，确保欠发达地区能提供最低标准的基本公共服务。

增强社会保障对收入分配的调节功能。一是加强社会保障法治建设。尽快出台综合性的《中华人民共和国社会保障法》，加快出台《社会救助法》，修订《中华人民共和国慈善法》（以下简称《慈善法》）、《中华人民共和国社会保险法》等法律法规，完善医疗保险、养老保险、社会保障等相关条例，促进我国社会保障的制度化、法治化，使各项工作开展都做到有法可依（孟宪红和张晨明，2020）。加强企业规范用工等的监督检查，强化对违法犯罪行为的打击、惩罚，提升社会保障的工作质量与效率。二是弥补社保覆盖盲区。立足于我国经济社会发展不平衡的现状，以及我国正处于社会主义初级阶段的国情，逐步使社保制度覆盖农民工、城市低保等多个方面，建立健全以医疗、养老、失业等政府保障为主，社会救助、保险为辅，结构合理、项目齐全、资金来源多元化的社会保障体系，进一步调整城镇居民收入差距，改善中低收入人群生活现状。加快弥补制度短板，包括建立长期护理保险制度、基本养老服务制度，以及发展妇女儿童和残疾人福利事业等（华颖，2022）。三是改进完善社保筹资机制与待遇调整机制。在坚持总体待遇水平逐步提高的同时，建立差异化的待遇调整机制。重点考虑中低收入群体的社会保障需求，适当调整基本社会保障项目的缴费率或采取灵活费率制，加大社会统筹的比例。适当降低个人账户的缴费比例，强化社会统筹账户作用，探索建立待遇享受与缴费适度关联的“累退型”待遇享受机制，建立适度的最低待遇担保机制等，充分发挥社保制度调节居民收入分配的作用。四是提高社会保障统筹层次。将社会保障统筹层次逐步由原来的市、县级统筹提高到省级统筹，最后过渡到全国统筹，实现社保从“地方粮票”向“全国粮票”转变，以在全国范围内缩小贫富差距，促进劳动力资源合理配置，提高社会效率。

发挥慈善和社会捐赠对收入分配的补充调节作用。一是加快健全慈善法律体系。在修订《慈善法》的同时，制定专门的慈善组织条例，或尽快修订《社会团体登记管理条例》《基金会管理条例》《民办非企业单位登记管理暂行条例》，为慈善组织登记及其自治发展提供更加充分的依据，切实解决慈善组织出生难及自主性不足的问题。二是积极鼓励慈善事业发展。鼓励先富群体发扬“扶危济困、尚德从善”的传统美德，引导支持有意愿有能力的企业、社会组织和个人积极参与社会慈善事业，落实并完善慈善捐赠税收优惠政策，发挥第三次分配在缩小收入与财富差距中的补充辅助作用。三是着力培育慈善组织。重视培育和发展慈善组织，鼓励引导企业家设立慈善基金会，大力发展社区服务类慈善组织，鼓励有条件的村（社

区）设立社区基金，为基层治理和服务提供有力支撑（韩金峰，2023）。简化审批程序，鼓励有条件的企业、个人和社会组织发展公益事业。四是加强对慈善事业的监管监督。创新利用区块链、互联网等数字技术与慈善事业深度融合，实现慈善领域全程跟踪，保障捐赠者对捐赠财产使用情况的知情权，强化慈善组织信息公开。畅通公众监督举报渠道，支持社会各界对慈善组织及其活动进行监督，通过完善内部治理机制和外部加强监管提高慈善的透明度和公信力，提升慈善组织形象，增进慈善社会美誉度。五是广泛弘扬慈善文化。充分利用广播、电视、报纸、期刊、互联网等媒体，采取群众喜闻乐见的方式，大力普及慈善知识、宣传慈善典型、传播慈善文化，引导社会公众关心慈善、支持慈善、参与慈善。持续推进慈善文化进社区、进乡村、进机关、进企业、进学校，大力弘扬团结友爱、互助共济的传统美德，积极倡导无私奉献、乐于助人的志愿服务精神，为慈善事业发展营造良好的社会氛围。

参考文献

[1] Agion P, Howitt P. Endogenous Growth Theory [M]. Cambridge: MIT Press, 1998.

[2] Barro. Inequality and Growth in a Panel of Countries [J]. Journal of Economic Growth, 2000, 5 (1): 5-32.

[3] Galor O, Zeira J. Income Distribution and Macroeconomics [J]. Review of Economic Studies, 1993 (60): 35-52.

[4] Grossman H. A General Equilbrium Thery Model of Insurrections [J]. American Economic Review, 1991, 81 (4): 912-921.

[5] Kaldor N. A Model of Economic Growth [J]. Economic Journal, 1957 (67): 591-624.

[6] Keun Lee, Shi Li. Possibility of a Middle Income Trap in China: Assessment in Terms of the Literature on Innovation, Big Business and Inequality [J]. Frontiers of Economics in China, 2014, 9 (3): 370-397.

[7] Pingping Wang, Xun Wang, Zhuo Huang, Baoqun Fan. Overcoming the Middle-income Trap: International Experiences and China's Choice [J]. China Economic Journal, 2021 (14): 3+336-349.

［8］ Romer P M. Increasing Reviews and Long-Run Growth ［J］. Journal of Political Economy, 1986（94）：1002-1037.

［9］ Sala-ti-Martin. The Distributing Rised of Global Income Inequality ［R］. NBER Working Paper WB, 2002.

［10］ 白彦. 从区域均衡发展迈向共同富裕［EB/OL］.［2023-07-27］. www.rmlt.com.cn/2023/0727/67887.shtml.

［11］ 边燕杰，张展新. 市场化与收入分配——对1988年和1995年城市住户收入调查的分析［J］. 中国社会科学，2002（5）：97-111+205.

［12］ 蔡超，李丽，许启发. 收入差距：客观测度与主观评价的实证［J］. 统计与决策，2015，426（6）：92-96.

［13］ 蔡军，李瑞. 我国城乡收入差距实证研究综述［J］. 商业时代，2012，571（24）：16-17.

［14］ 曹光四，张启良. 我国城乡居民收入差距变化的新视角［J］. 调研世界，2015（5）：9-12.

［15］ 陈昌兵，张平. 突破“中等收入陷阱”的新要素供给理论、事实及政策选择［J］. 经济学动态，2016，661（3）：43-55.

［16］ 陈锐. 推动科技创新跨越“中等收入陷阱”［N］. 证券时报，2022-09-29.

［17］ 陈中. 促进共同富裕需要科学把握的几对关系［N］. 光明日报，2022-07-11.

［18］ 陈宗胜，周云波. 非法非正常收入对居民收入差别的影响及其经济学解释［J］. 经济研究，2001（4）：14-23+57-94.

［19］ 邓小平. 邓小平文选（第三卷）［M］. 北京：人民出版社，1993.

［20］ 邓宇. 共同富裕背景下中国跨越中高收入阶段的现实挑战与路径选择［J］. 西南金融，2021（11）：3-16.

［21］董敏杰，梁泳梅."拉美模式"历史根源和不平等的长期影响［J］. 改革，2014，248（10）：46-53.

［22］董小燕. 中国行业收入差距变动研究［D］. 西安：陕西师范大学硕士学位论文，2011.

［23］杜丁一. 我国行业间收入差距现状分析及建议［J］. 商，2013（19）：237-238.

［24］段伟花，王浩，任冬连. 共同富裕背景下行业工资差距问题研究［J］. 湖北经济学院学报，2022（3）：53-62.

［25］范恒山. 采取有效措施缩小地区差距［N］. 人民日报，2017-02-23.

［26］冯文猛，李恒森. 缩小收入分配差距的国际做法及启示［J］. 发展研究，2021（10）：29-38.

［27］傅娟. 中国垄断行业的高收入及其原因：基于整个收入分布的经验研究［J］. 世界经济，2008，359（7）：67-77.

［28］高援国，樊建武. 新型城镇化与乡村振兴耦合协调发展的实践路径［EB/OL］.［2022-11-11］. www. rmlt. com. cn/2022/1111/660054. shtml.

［29］龚六堂. 缩小居民收入差距推进共同富裕的若干政策建议［EB/OL］.［2021-01-28］. http：//baijiahao-baidu. com/s？ d=1688131889348951200&wfr=spider&for=pc.

［30］郭秀云，佟薇，陶然，等. 我国行业收入差距的现状及其测度研究［J］. 现代商贸工业，2009，21（8）：21-22.

［31］郭旭红，武力. 新中国城乡关系的理论与实践［J］. 当代中国史研究，2022（3）：108-122.

［32］郭雅媛. 构建新发展格局需要扎实推进共同富裕［EB/OL］.［2022-03-20］. http：//www. 163. com/dy/article/H3NDRR3005199NPP. html.

［33］郭燕，李家家，杜志雄. 城乡居民收入差距的演变趋势：国际经验及其对中国的启示［J］. 世界农业，2022（6）：5-17.

［34］韩金峰. 发挥慈善事业第三次分配作用推动共同富裕［EB/OL］.［2023-05-17］. http://baijiahao.baidu.com/s?di=176610993347580 2042&wfr=spider&for=pc.

［35］韩俊. 破除城乡二元结构走城乡融合发展道路［N］. 光明日报，2018-11-16.

［36］贺大兴，姚洋. 不平等、经济增长和中等收入陷阱［J］. 当代经济科学，2014，36（5）：1-9+124.

［37］华颖. 以健全的社会保障体系扎实推进共同富裕［EB/OL］.［2022-12-15］. http://m.gmw.cn/baijia/2022-12/15/36236027.html.

［38］贾康，刘微. 提高国民收入分配"两个比重"遏制收入差距扩大的财税思考与建议［J］. 财政研究，2010，334（12）：2-18.

［39］贾若祥. 推进共同富裕，如何缩小地区、城乡、收入三大差距?［EB/OL］.［2022-11-29］. http://baijiahao.baidu.com/s?id=175080447937083992&wfr=spider&for=pc.

［40］江泽民. 论社会主义市场经济［M］. 北京：中央文献出版社，2006.

［41］姜爱林. 发达国家调节收入分配差距的做法、启示及其政策建议［J］. 黄河科技大学学报，2010（1）：63-67.

［42］姜长云. 新发展格局、共同富裕与乡村产业振兴［J］. 南京农业大学学报（社会科学版），2022（1）：167-177.

［43］焦晓云. "中等收入陷阱"的国际观照与中国的应对策略［J］. 当代经济管理，2016（4）：1-5.

［44］李玲. 公共政策视角下我国居民收入差距问题研究及国际借鉴

[D]. 武汉：华中师范大学博士学位论文，2015.

[45] 李涛明，马永强，滕红. 我国转型期不同行业劳动报酬差距比较研究 [J]. 调研世界，2013 (2)：8-12.

[46] 李雪筠. 建立正常的国民收入分配机制缩小居民收入差距 [J]. 财政研究，2003 (6)：34-36.

[47] 李莹. 共同富裕目标下缩小收入差距的路径探索、现实挑战与对策建议 [J]. 经济学家，2022 (10)：54-63.

[48] 连玉明. 社会管理蓝皮书：中国社会管理创新报告 [M]. 北京：社会科学文献出版社，2012.

[49] 林毅夫. 中国经济改革的社会结果——转轨时期的地区差距分析 [J]. 国有资产研究，1998 (3)：4-6.

[50] 刘文忻，陆云航. 要素积累、政府政策与我国城乡收入差距 [J]. 经济理论与经济管理，2006 (4)：13-20.

[51] 陆铭，陈钊. 城市化、城市倾向的经济政策与城乡收入差距 [J]. 经济研究，2004 (6)：50-58.

[52] 罗理章，林文康. 新发展阶段推进共同富裕的战略擘画 [EB/OL]. [2022-05-26]. www. baijiahao. baidu. com/s? id=1733857949400379173&wfr=spider&for=pc.

[53] 马海涛. 完善财政转移支付体系 [EB/OL]. [2023-06-27]. www. baijiahao. baidu. com/s? id=1769861929608771 4&wfr=spider&for=pc.

[54] 马骁，王斐然，陈红娜. 我国城乡收入差距测度：一种新思路的应用 [J]. 财经科学，2017，353 (8)：106-117.

[55] 孟宪红，张晨明. 社会保障视角下缩小城乡居民收入差距的对策研究 [J]. 西部学刊，2020 (23)：147-153.

[56] 缪锦春，易华勇. 贯彻新发展理念，扎实推动共同富裕 [EB/OL].

[2022-03-18]. https：//m. gmw. cn/baijia/2022-03/15/35588758. html.

[57] 聂海峰，刘怡. 增值税转型对收入分配的影响 [J]. 税务研究，2009 (8)：44-47.

[58] 朴今姬. 贯彻新发展理念走好共同富裕之路 [N]. 吉林日报，2021-11-17.

[59] 乔俊峰. 跨越“中等收入陷阱”的公共政策因应：韩国做法及启示 [J]. 改革，2011，210 (8)：89-94.

[60] 秦晓茹. 全力以赴巩固拓展脱贫攻坚成果[EB/OL]. [2023-02-07]. https：//baijiahao. baidu. com/s? id=1757142283553033026&wfr=spider&for=pc.

[61] 任国强，尚金艳. 中国行业收入差距文献综述 [J]. 华东经济管理，2011，25 (12)：129-134.

[62] 苏雪明，胡超. 当前制约城镇集体企业发展的一些问题 [J]. 中国集体经济，2015 (25)：29-33.

[63] 孙婧芳. 优化宏观分配格局促进共同富裕 [J]. 中国银行业，2021 (12)：35-37.

[64] 孙敬水，汪庆芝. 城乡收入差距适度性测度研究——以浙江省为例 [J]. 农业技术经济，2012，208 (8)：72-80.

[65] 汪彬. 以新型工业化推动西部高质量发展[EB/OL]. [2023-01-04]. https：//m. gmw. cn/baijia/2023-01/04/36277245. html.

[66] 王宏，王霞. 调控垄断行业收入构建合理分配格局[EB/OL]. [2021-11-30]. https：//baijiahao. baidu. com/s? id = 1717820030692114626&wfr=spider&for=pc.

[67] 王磊. 新发展阶段扩大中等收入群体的三个维度[EB/OL]. [2022-12-28]. https：//baijiahao. baidu. com/s? id = 1753437613216295828&wfr = spider&for=pc.

[68] 王淑芹. 实现共同富裕的思想源流、风险挑战与关键路径 [J]. 马克思主义研究，2022 (8)：134-146.

[69] 王土兰，彭定赟. 我国地区收入差距扩大的诱因分析——基于省际面板数据的实证研究 [J]. 武汉理工大学学报（社会科学版），2017 (4)：68-75.

[70] 王霞. 努力提高劳动报酬在初次分配中的比重[EB/OL]. [2023-03-13]. https://baijiahao. baidu. com/s? id=1760212006521381307&wfr=spider&for=pc.

[71] 王小鲁. 灰色收入拉大居民收入差距 [J]. 中国改革，2007，286 (7)：9-12.

[72] 王小鲁，樊纲. 中国收入差距的走势和影响因素分析 [J]. 经济研究，2005 (10)：24-36.

[73] 王晓英. 我国行业间职工收入差距分析 [J]. 山西财经大学学报，2000 (5)：46-48.

[74] 谢红艳. 发达国家缩小居民收入差距的政策及其启示 [D]. 湘潭：湘潭大学硕士学位论文，2007.

[75] 辛向阳. 习近平的共同富裕观[EB/OL]. [2022-03-16]. https://baijiahao. baidu. com/s? id=1727421412493607229&wfr=spider&for=pc.

[76] 邢成，韩丽娜. 财政税收杠杆对我国基尼系数的主要影响 [J]. 现代财经（天津财经学院学报），2001 (9)：31-33.

[77] 徐鹏杰，黄少安. 我国区域创新发展能力差异研究——基于政府与市场的视角 [J]. 财经科学，2020 (2)：79-91.

[78] 许冰，章上峰. 经济增长与收入分配不平等的倒 U 型多拐点测度研究 [J]. 数量经济技术经济研究，2010，27 (2)：54-64.

[79] 闫冰倩. 缩小收入差距，推动共同富裕[EB/OL]. [2021-01-20].

https：//baijiahao. baidu. com/s？ id=1761908748525655287&wfr=spider&for=pc.

［80］闫佳敏，沈坤荣. 中国南北经济差距的测度及原因分析［J］. 首都经济贸易大学学报，2022（2）：3-14.

［81］闫坤，等. 分配制度、收入差距与共同富裕——基于日本经验的考察［M］. 北京：中国社会科学出版社，2022.

［82］闫坤，刘诚. 应尽快提高劳动报酬在初次分配中的比重［EB/OL］.［2023-03-01］. https：//baijiahao. baidu. com/s？ id=1759091685993213287&wfr=spider&for=pc.

［83］杨浩，蓝红星. 促进共同富裕最艰巨最繁重的任务在农村［EB/OL］.［2022-07-25］. https：//baijiahao. baidu. com/s？ id=1740272220750213858&wfr=spider&for=pc.

［84］杨娟，赖德胜，邱牧远. 如何通过教育缓解收入不平等？［J］. 经济研究，2015，50（9）：86-99.

［85］杨穗，高琴，李实. 中国社会福利和收入再分配：1988—2007 年［J］. 经济理论与经济管理，2013，267（3）：29-38.

［86］杨修娜. 扩大中等收入群体的主要制约因素及其对策［EB/OL］.［2023-02-27］. https：//baijiahao. baidu. com/s？ id=1758910491998029563&wfr=spider&for=pc.

［87］杨耀东. 我国收入分配制度的历史演变与完善对策研究［D］. 武汉：武汉科技大学硕士学位论文，2008.

［88］姚雪萍，余成跃. 从制度层面解析我国居民收入差距的成因［J］. 改革与战略，2010，26（10）：14-17.

［89］叶振宇. 统筹解决我国区域发展不平衡不充分问题［J］. 发展研究，2022（2）：57-63.

［90］于哲，陈雪峰. 美国收入分配运行分析及经验借鉴［J］. 当代经济

管理，2015（4）：87-91.

［91］岳希明，李实，史泰丽. 垄断行业高收入问题探讨［J］. 中国社会科学，2010，183（3）：77-93+221-222.

［92］岳希明，张斌，徐静. 中国税制的收入分配效应测度［J/OL］.［2014-06-10］. http：//sscp. cssn. cn/zgshkx/zgshkx_1/201406/t20140610_1204855. html.

［93］詹静楠，吕冰洋. 财政与共同富裕——多维分配视角下的分析［J］. 财政研究，2022（1）：47-59.

［94］张车伟，张士斌. 我国初次收入分配格局的变动与问题——劳动报酬占 GDP 份额的视角［J］. 中国人口科学，2010（10）：5-10.

［95］张车伟，赵文. 国民收入分配形势分析及建议［J］. 经济学动态，2020（6）：3-14.

［96］张瑾. 发达国家缩小贫富差距的经验和启示［J］. 全球化，2014（4）：40-50.

［97］张亮. 改革开放 40 年中国收入分配制度改革回顾及展望［J］. 中国发展观察，2019（1）：23-29.

［98］张林秀，易红梅，罗仁福，等. 中等收入陷阱的人力资本根源：中国案例［J］. 中国人民大学学报，2014，28（3）：8-18.

［99］赵人伟. 转型期中国的收入分配制度［J］. 云南大学学报（社会科学版），2003（6）：52-59+93.

［100］郑之杰. 跨越“中等收入陷阱”的国际经验教训［J］. 红旗文稿，2014（19）：17-19.

［101］周慧，岳希明. 中国国民收入分配格局的现状与国际比较［J］. 国际税收，2019（10）：30-34.

［102］周南. 破除城乡二元体制实现城乡融合发展［N］. 中国改革报，

2019-07-09.

［103］朱克力.促进“共同富裕”，是新发展格局下的必答题[EB/OL].[2021-08-19].https：//baijiahao.baidu.com/s？id=1708494655548326809&wfr=spider&for=pc.

［104］邹东涛，付丽琴.跨越“中等收入陷阱”必须深化分配制度改革[J].江西社会科学，2013，33（3）：13-17.

附　录

附表 1　2018 年主要经济体分部门收入占国民收入比重　　单位:%

	初次分配收入			可支配收入		
	企业部门	政府部门	住户部门	企业部门	政府部门	住户部门
中国	26.1	12.8	61.1	21.9	18.7	59.4
美国	14.1	6.2	79.6	13.5	10.6	75.9
意大利	15.6	12.6	71.8	14.3	19.8	65.9
澳大利亚	8.5	14.7	76.8	2.1	25.7	72.2
新西兰	18.3	16.0	65.6	17.3	24.0	58.8
加拿大	16.0	14.7	69.3	13.6	25.8	60.6
日本	26.3	10.5	63.2	23.1	19.7	57.2
韩国	26.5	13.0	60.5	21.8	24.2	54.0
英国	13.1	12.6	74.3	13.1	20.3	66.5
德国	15.6	11.2	73.2	15.7	24.6	59.6
法国	15.9	15.7	68.4	14.6	25.0	60.4
希腊	13.2	17.6	69.2	10.5	23.6	65.9
瑞典	18.1	24.3	57.6	19.6	32.0	48.4
挪威	22.9	24.8	52.3	21.0	35.8	43.2
芬兰	19.4	18.7	61.9	18.5	26.2	55.3

续表

	初次分配收入			可支配收入		
	企业部门	政府部门	住户部门	企业部门	政府部门	住户部门
丹麦	22.6	17.1	60.3	24.7	28.5	46.8
墨西哥	21.3	6.3	72.4	17.7	8.9	73.4
土耳其	16.0	11.5	72.6	13.7	16.7	69.6
巴西	15.8	14.1	70.1	11.5	16.2	72.2
俄罗斯	19.6	21.4	59.0	16.9	26.6	56.5
南非	19.9	11.8	68.3	15.3	22.1	62.5

资料来源：中国数据来自国家统计局，其余国家数据来自 OECD 数据库。

附表 2 1990~2020 年我国劳动者报酬、收入法 GDP 与劳动者报酬占比

年份	劳动者报酬（各省汇总数）（亿元）	收入法 GDP（各省汇总数）（亿元）	劳动者报酬占 GDP 比重（%）
1990	9806.27	18357.23	53.4
1991	11027.82	21141.26	52.2
1992	12970.55	25892.31	50.1
1993	17332.81	34208.07	50.7
1994	23217.82	45395.69	51.1
1995	30453.77	57632.78	52.8
1996	36622.20	68584.50	53.4
1997	40628.24	76956.61	52.8
1998	43988.95	82780.25	53.1
1999	45926.43	87671.13	52.4
2000	49948.20	97209.37	51.4
2001	52351.29	108545.75	48.2
2002	57576.79	120571.02	47.8
2003	64271.53	139250.04	46.2
2004	69639.64	167587.11	41.6

续表

年份	劳动者报酬（各省汇总数）（亿元）	收入法 GDP（各省汇总数）（亿元）	劳动者报酬占 GDP 比重（%）
2005	81888.02	197789.03	41.4
2006	93822.83	231053.34	40.6
2007	109532.27	275624.62	39.7
2008	154892.78	333314.00	46.5
2009	170299.71	365303.69	46.6
2010	196714.07	437041.99	45.0
2011	234310.26	521441.11	44.9
2012	262864.06	576551.85	45.6
2013	290943.50	634345.32	45.9
2014	318258.10	684349.41	46.5
2015	346159.45	722767.87	47.9
2016	370224.33	780069.97	47.5
2017	402438.86	847140.10	47.5
2018	475562.81	919281.13	51.7
2019	513472.07	986515.20	52.0
2020	529580.50	1013567.00	52.2

资料来源：国家统计局。

附表 3　1978～2021 年我国城乡人口、居民人均可支配收入与劳动者报酬占比

年份	城镇总人口（万人）	乡村总人口（万人）	城镇居民家庭人均年可支配收入（元/人）	农村居民家庭人均年纯收入（元/人）	劳动者报酬（亿元）	现价 GDP（亿元）	劳动者报酬占 GDP 比重（%）
1978	17245.00	79014.00	343.40	133.57	1647.58	3678.70	44.8
1979	18495.00	79047.00	405.00	160.20	2015.38	4100.45	49.2
1980	19140.00	79565.00	477.60	191.33	2436.44	4587.58	53.1
1981	20171.00	79901.00	500.40	223.44	2794.66	4935.83	56.6

续表

年份	城镇总人口（万人）	乡村总人口（万人）	城镇居民家庭人均年可支配收入（元/人）	农村居民家庭人均年纯收入（元/人）	劳动者报酬（亿元）	现价 GDP（亿元）	劳动者报酬占 GDP 比重（%）
1982	21480.00	80174.00	535.30	270.11	3315.40	5373.35	61.7
1983	22274.00	80734.00	564.60	309.77	3758.49	6020.92	62.4
1984	24017.00	80340.00	652.10	355.33	4420.87	7278.50	60.7
1985	25094.00	80757.00	739.08	397.60	5065.55	9098.95	55.7
1986	26366.00	81141.00	900.90	423.76	5813.74	10376.15	56.0
1987	27674.00	81626.00	1002.10	462.55	6548.82	12174.59	53.8
1988	28661.00	82365.00	1180.20	544.94	7870.97	15180.39	51.8
1989	29540.00	83164.00	1373.90	601.51	9060.90	17179.74	52.7
1990	30195.00	84138.00	1510.16	686.31	10334.40	18872.87	54.8
1991	31203.00	84620.00	1700.60	708.55	11302.13	22005.63	51.4
1992	32175.00	84996.00	2026.60	783.99	13184.19	27194.53	48.5
1993	33173.00	85344.00	2577.40	921.62	16415.48	35673.23	46.0
1994	34169.00	85681.00	3496.20	1220.98	22407.64	48637.45	46.1
1995	35174.00	85947.00	4282.95	1577.74	28625.05	61339.89	46.7
1996	37304.00	85085.00	4838.90	1926.07	34439.00	71813.63	48.0
1997	39449.00	84177.00	5160.32	2090.13	37951.03	79715.04	47.6
1998	41608.00	83153.00	5425.05	2161.98	40550.06	85195.51	47.6
1999	43748.00	82038.00	5854.02	2210.34	43743.35	90564.38	48.3
2000	45906.00	80837.00	6279.98	2253.42	47044.85	100280.14	46.9
2001	48064.00	79563.00	6859.58	2366.40	51797.67	110863.12	46.7
2002	50212.00	78241.00	7702.80	2475.63	58046.88	121717.42	47.7
2003	52376.00	76851.00	8472.20	2622.24	64526.17	137422.03	47.0
2004	54283.00	75705.00	9421.61	2936.40	73373.34	161840.16	45.3
2005	56212.00	74544.00	10493.03	3254.93	83246.97	187318.90	44.4
2006	58288.00	73160.00	11759.45	3587.04	94786.27	219438.47	43.2
2007	60633.00	71496.00	13785.81	4140.36	113189.42	270092.32	41.9

续表

年份	城镇总人口（万人）	乡村总人口（万人）	城镇居民家庭人均年可支配收入（元/人）	农村居民家庭人均年纯收入（元/人）	劳动者报酬（亿元）	现价 GDP（亿元）	劳动者报酬占 GDP 比重（%）
2008	62403.00	70399.00	15780.76	4760.62	131990.97	319244.61	41.3
2009	64512.00	68938.00	17174.65	5153.17	146322.03	348517.74	42.0
2010	66978.00	67113.00	19109.44	5919.01	167715.46	412119.26	40.7
2011	69926.96	64989.04	21809.78	6977.29	197853.90	487940.18	40.5
2012	72174.58	63747.42	24564.72	7916.58	227760.99	538579.95	42.3
2013	74502.00	62224.00	26467.00	9429.60	255859.21	592963.23	43.1
2014	76737.65	60908.36	28843.85	10488.90	285227.11	643563.10	44.3
2015	79302.30	59023.70	31194.83	11421.70	314797.25	688858.22	45.7
2016	81924.11	57307.89	33616.25	12363.40	346250.14	746395.06	46.4
2017	84342.63	55668.37	36396.19	13432.00	381748.82	832035.95	45.9
2018	86432.72	54108.29	39250.84	14617.03	418345.90	919281.13	45.5
2019	88426.12	52581.88	42358.80	16021.00	458803.88	986515.20	46.5
2020	90220.00	50992.00	43833.76	17131.00	482822.60	1013567.00	47.6
2021	91425.00	49835.00	47411.90	18931.00	527805.93	1143669.70	46.2

注：2013 年后农村居民人均收入数据采用城乡一体化住户调查的人均可支配收入数据。

资料来源：国家统计局。

附表 4　1998~2022 年我国城镇与农村居民四项人均可支配收入之比

年份	城乡居民人均可支配收入比	城乡居民人均可支配工资性收入比	城乡居民人均可支配经营净收入比	城乡居民人均可支配财产净收入比	城乡居民人均可支配转移净收入比
1998	2.50	7.14	0.10	4.77	10.89
1999	2.62	6.86	0.11	4.97	11.09
2000	2.74	6.32	0.18	3.79	15.79
2001	2.84	6.18	0.19	4.16	15.46
2002	3.03	6.77	0.23	3.20	12.42
2003	3.12	6.88	0.26	3.67	12.01

续表

年份	城乡居民人均可支配收入比	城乡居民人均可支配工资性收入比	城乡居民人均可支配经营净收入比	城乡居民人均可支配财产净收入比	城乡居民人均可支配转移净收入比
2004	3.08	7.04	0.29	4.17	10.09
2005	3.08	6.50	0.37	4.82	8.47
2006	3.11	6.22	0.42	5.98	6.94
2007	3.14	6.20	0.43	7.58	6.21
2008	3.11	5.91	0.61	8.08	4.71
2009	3.11	5.84	0.62	8.92	3.91
2010	2.99	5.43	0.61	9.82	3.63
2011	2.90	5.00	0.70	12.12	3.09
2012	2.88	4.88	0.74	13.52	2.73
2013	2.81	4.55	0.76	13.09	2.62
2014	2.75	4.32	0.77	12.67	2.57
2015	2.73	4.20	0.77	12.07	2.58
2016	2.72	4.11	0.80	12.03	2.54
2017	2.71	4.04	0.81	11.90	2.51
2018	2.69	3.97	0.83	11.78	2.39
2019	2.64	3.88	0.84	11.65	2.29
2020	2.56	3.78	0.78	11.04	2.22
2021	2.50	3.58	0.82	10.77	2.16
2022	2.45	3.50	0.80	10.29	2.11

资料来源：国家统计局。

附表 5　2013～2021 年我国分区域人均可支配收入　　单位：元/人

年份	全国	东部地区	中部地区	西部地区	东北地区
2013	18310.8	23658.42	15263.89	13919.01	17893.10
2014	20167.1	25954.00	16867.70	15376.10	19604.40
2015	21966.2	28223.32	18442.13	16868.12	21008.41

续表

年份	全国	东部地区	中部地区	西部地区	东北地区
2016	23821.0	30654.72	20006.24	18406.83	22351.53
2017	25973.8	33413.99	21833.62	20130.33	23900.46
2018	28228.0	36298.21	23798.29	21935.77	25543.21
2019	30732.8	39438.90	26025.30	23986.10	27370.60
2020	32188.8	41239.68	27152.38	25416.04	28266.16
2021	35128.1	44980.30	29650.00	27798.40	30517.70

注：东部地区包括北京、天津、河北、上海、江苏、浙江、福建、山东、广东和海南10省（市）；中部地区包括山西、安徽、江西、河南、湖北和湖南6省；西部地区包括内蒙古、广西、重庆、四川、贵州、云南、西藏、陕西、甘肃、青海、宁夏和新疆12省（区、市）；东北地区包括辽宁、吉林和黑龙江3省。

资料来源：国家统计局。

附表6　2013~2021年我国南北方地区人均可支配收入及其比较

单位：元/人

年份	全国	北方地区	南方地区	北方/南方	北方-南方
2013	18310.8	17247.72	19202.21	0.90	-1954.5
2014	20167.1	19001.67	21163.67	0.90	-2162.0
2015	21966.2	20609.87	23096.71	0.89	-2486.8
2016	23821.0	22260.28	25167.64	0.88	-2907.4
2017	25973.8	24156.66	27496.32	0.88	-3339.7
2018	28228.0	26150.50	29980.11	0.87	-3829.6
2019	30732.8	28332.98	32760.71	0.86	-4427.7
2020	32188.8	29518.27	34458.65	0.86	-4940.4
2021	35128.1	31985.14	37767.93	0.85	-5782.8

注：南方地区包括上海、江苏、浙江、安徽、福建、江西、湖北、湖南、广东、广西、海南、重庆、四川、贵州、云南、西藏16个省（区、市），其余为北方地区。

资料来源：国家统计局。

附表 7　2003~2021 年城镇非私营单位分行业平均工资

单位：元

年份	城镇非私营单位就业人员平均工资	农、林、牧、渔业	采矿业	制造业	电力、燃气及水的生产和供应业	建筑业	交通运输、仓储和邮政业	信息传输、计算机服务和软件业	批发和零售业	住宿和餐饮业	金融业	房地产业	租赁和商务服务业	科学研究、技术服务和地质勘查业	水利、环境和公共设施管理业	居民服务和其他服务业	教育	卫生、社会保障和社会福利业	文化、体育和娱乐业	公共管理和社会组织
2003	13969	6884	13627	12671	18574	11328	15753	30897	10894	11198	20780	17085	17020	20442	11774	12665	14189	16185	17098	15355
2004	15920	7497	16774	14251	21543	12578	18071	33449	13012	12618	24299	18467	18723	23351	12884	13680	16085	18386	20522	17372
2005	18200	8207	20449	15934	24750	14112	20911	38799	15256	13876	29229	20253	21233	27155	14322	15747	18259	20808	22670	20234
2006	20856	9269	24125	18225	28424	16164	24111	43435	17796	15236	35495	22238	24510	31644	15630	18030	20918	23590	25847	22546
2007	24721	10847	28185	21144	33470	18482	27903	47700	21074	17046	44011	26085	27807	38432	18383	20370	25908	27892	30430	27731
2008	28898	12560	34233	24404	38515	21223	32041	54906	25818	19321	53897	30118	32915	45512	21103	22858	29831	32185	34158	32296
2009	32244	14356	38038	26810	41869	24161	35315	58154	29139	20860	60398	32242	35494	50143	23159	25172	34543	35662	37755	35326
2010	36539	16717	44196	30916	47309	27529	40466	64436	33635	23382	70146	35870	39566	56376	25544	28206	38968	40232	41428	38242
2011	41799	19469	52230	36665	52723	32103	47078	70918	40654	27486	81109	42837	46976	64252	28868	33169	43194	46206	47878	42062
2012	46769	22687	56946	41650	58202	36483	53391	80510	46340	31267	89743	46764	53162	69254	32343	35135	47734	52564	53558	46074
2013	51483	25820	60138	46431	67085	42072	57993	90915	50308	34044	99653	51048	62538	76602	36123	38429	51950	57979	59336	49259

续表

年份	城镇非私营单位就业人员平均工资	农、林、牧、渔业	采矿业	制造业	电力、燃气及水的生产和供应业	建筑业	交通运输、仓储和邮政业	信息传输、计算机服务和软件业	批发和零售业	住宿和餐饮业	金融业	房地产业	租赁和商务服务业	科学研究、技术服务和地质勘查业	水利、环境和公共设施管理业	居民服务和其他服务业	教育	卫生、社会保障和社会福利业	文化、体育和娱乐业	公共管理和社会组织
2014	56360	28356	61677	51369	73339	45804	63416	100845	55838	37264	108273	55568	67131	82259	39198	41882	56580	63267	64375	53110
2015	62029	31947	59404	55324	78886	48886	68822	112042	60328	40806	114777	60244	72489	89410	43528	44802	66592	71624	72764	62323
2016	67569	33612	60544	59470	83863	52082	73650	122478	65061	43382	117418	65497	76782	96638	47750	47577	74498	80026	79875	70959
2017	74318	36504	69500	64452	90348	55568	80225	133150	71201	45751	122851	69277	81393	107815	52229	50552	83412	89648	87803	80372
2018	82413	36466	81429	72088	100162	60501	88508	147678	80551	48260	129837	75281	85147	123343	56670	55343	92383	98118	98621	87932
2019	90501	39340	91068	78147	107733	65580	97050	161352	89047	50346	131405	80157	88190	133459	61158	60232	97681	108903	107708	94369
2020	97379	48540	96674	82783	116728	69986	100642	177544	96521	48833	133390	83807	92924	139851	63914	60722	106474	115449	112081	104487
2021	106837	53819	108467	92459	125332	75762	109851	201506	107735	53631	150843	91143	102537	151776	65802	65193	111392	126828	117329	111361
年均增长率（%）	12.0	12.1	12.2	11.7	11.2	11.1	11.4	11.0	13.6	9.1	11.6	9.7	10.5	11.8	10.0	9.5	12.1	12.1	11.3	11.6

资料来源：国家统计局。

附表 8　2009~2021 年城镇私营单位分行业平均工资

单位：元

年份	城镇私营单位就业人员平均工资	农、林、牧、渔业	采矿业	制造业	电力、燃气及水的生产和供应业	建筑业	交通运输、仓储和邮政业	信息传输、计算机服务和软件业	批发和零售业	住宿和餐饮业	金融业	房地产业	租赁和商务服务业	科学研究、技术服务和地质勘查业	水利、环境和公共设施管理业	居民服务和其他服务业	教育	卫生、社会保障和社会福利业	文化、体育和娱乐业	公共管理和社会组织
2009	18199	14585	18553	17260	17795	19867	19634	28166	17775	15623	30452	21334	21334	26187	17170	15688	21066	18641	17339	8191
2010	20759	16370	20981	20090	18834	22228	21989	31226	19928	17531	30513	23228	23879	28886	19607	18350	21862	21571	20012	8900
2011	24556	19223	25519	24138	22091	26108	25949	35562	22791	20882	28664	27017	27115	31320	22958	20543	23636	25590	22666	11738
2012	28752	21973	29684	28215	25478	30911	28159	39518	27233	23933	32696	30778	31796	36598	26402	24068	26625	29173	26177	10858
2013	32706	24645	33081	32035	29597	34882	33141	44060	30604	27352	37253	35038	36243	42854	31241	27483	31521	33862	30402	33953
2014	36390	26862	35819	35653	33184	38838	38891	51044	33894	29483	41553	37826	39414	47462	33847	30580	33678	37205	32024	26744
2015	39589	28869	38192	38948	34631	41710	40495	57719	36635	31889	44898	41767	43770	50441	37222	33203	37040	40558	34974	—
2016	42833	31301	39600	42115	38605	44803	42705	63578	39589	34712	50366	46063	47836	54764	40099	35824	39508	43993	38228	—
2017	45761	34272	41236	44991	41510	46944	45852	70415	42359	36886	52289	48025	51394	58102	41061	38417	43263	47296	41201	—
2018	49575	36375	44096	49275	44239	50879	50547	76326	45177	39632	62943	51393	53382	61876	42409	41058	46228	52343	44592	—
2019	53604	37760	49675	52858	49633	54167	54006	85301	48722	42424	76107	54416	57248	67642	44444	43926	50761	57140	49289	—
2020	57727	38956	54563	57910	54268	57309	57313	101281	53018	42258	82930	55759	58155	72233	43287	44536	48443	60689	51300	—
2021	62884	41442	62665	63946	59271	60430	62411	114618	58071	46817	95416	58288	64490	77708	43366	47193	52579	67750	56171	—
年均增长率（%）	10.9	9.1	10.7	11.5	10.5	9.7	10.1	12.4	10.4	9.6	10.0	8.7	9.7	9.5	8.0	9.6	7.9	11.4	10.3	—

资料来源：国家统计局。

附表 9 1990~2021 年我国人均 GNI 及其与世界银行标准比较

年份	国民总收入（亿元）	人均国民总收入（元/人）	年均汇率（1 美元=?人民币）	人均 GNI（美元）	高收入国家门槛（美元）	中等偏上收入国家门槛（美元）	中等偏下收入国家门槛（美元）	人均 GNI 是高收入国家门槛的百分比（%）
1990	18923. 3	1667	4. 7832	349	6001	2336	581	5. 8
1991	22050. 3	1916	5. 3222	360	7621	2466	611	4. 7
1992	27208. 2	2336	5. 5146	424	7911	2556	636	5. 4
1993	35599. 2	3021	5. 7620	524	8356	2696	676	6. 3
1994	48548. 2	4073	8. 6175	473	8626	2786	696	5. 5
1995	60356. 6	5009	8. 3508	600	8956	2896	726	6. 7
1996	70779. 6	5813	8. 3140	699	9386	3036	766	7. 4
1997	78802. 9	6406	8. 2898	773	9646	3116	786	8. 0
1998	83817. 6	6749	8. 2790	815	9656	3126	786	8. 4
1999	89366. 5	7134	8. 2783	862	9361	3032	761	9. 2
2000	99066. 1	7846	8. 2783	948	9266	2996	756	10. 2
2001	109276. 2	8592	8. 2771	1038	9266	2996	756	11. 2
2002	120480. 4	9410	8. 2769	1137	9206	2976	746	12. 3
2003	136576. 3	10600	8. 2770	1281	9076	2936	736	14. 1
2004	161415. 4	12454	8. 2768	1505	9386	3036	766	16. 0
2005	185998. 9	14267	8. 1937	1741	10066	3256	826	17. 3
2006	219028. 5	16707	7. 9735	2095	10726	3466	876	19. 5
2007	270704. 0	20541	7. 6068	2700	11116	3596	906	24. 3
2008	321229. 5	24250	6. 9480	3490	11456	3706	936	30. 5
2009	347934. 9	26136	6. 8311	3826	11906	3856	976	32. 1
2010	410354. 1	30676	6. 7704	4531	12196	3946	996	37. 2
2011	483392. 8	35939	6. 4614	5562	12276	3976	1006	45. 3
2012	537329. 0	39679	6. 3117	6287	12476	4036	1026	50. 4
2013	588141. 2	43143	6. 1956	6963	12616	4086	1036	55. 2
2014	644380. 2	46971	6. 1431	7646	12746	4126	1046	60. 0
2015	685571. 2	49684	6. 2272	7979	12736	4126	1046	62. 6
2016	742694. 1	53516	6. 6401	8060	12476	4036	1026	64. 6
2017	830945. 7	59514	6. 7547	8811	12236	3956	1006	72. 0

续表

年份	国民总收入（亿元）	人均国民总收入（元/人）	年均汇率（1美元=?人民币）	人均 GNI（美元）	高收入国家门槛（美元）	中等偏上收入国家门槛（美元）	中等偏下收入国家门槛（美元）	人均 GNI 是高收入国家门槛的百分比（%）
2018	915243.5	65246	6.6118	9868	12056	3896	996	81.9
2019	983751.2	69881	6.8967	10133	12376	3996	1026	81.9
2020	1005451.3	71253	6.8996	10327	12536	4046	1036	82.4
2021	1133239.8	80237	6.4512	12438	12696	4096	1046	98.0

资料来源：国家统计局、世界银行。

附表 10　1980~2021 年中国与主要经济体中等收入群体收入份额 单位:%

年份	中国	美国	日本	韩国	俄罗斯	印度	南非	巴西
1980	47.1	46.1	44.8	47.2	49.5	46.4	39.6	30.5
1981	47.0	46.0	44.9	47.2	49.3	47.1	39.6	30.5
1982	47.1	46.3	44.8	47.2	49.1	47.6	39.6	30.5
1983	46.8	46.3	44.8	47.2	48.9	44.0	39.6	30.5
1984	46.5	45.6	44.7	47.2	48.7	45.4	39.6	30.5
1985	46.0	45.6	44.6	47.2	48.6	44.4	39.6	30.5
1986	47.1	46.1	44.1	47.2	48.6	44.2	39.6	30.5
1987	47.7	45.2	42.9	47.2	48.6	44.7	39.6	30.5
1988	47.6	43.9	42.5	47.2	48.6	44.1	39.6	30.5
1989	47.6	44.2	41.8	47.2	48.0	44.0	39.6	30.5
1990	47.7	44.4	41.2	47.2	47.7	45.3	39.6	30.5
1991	48.2	45.0	41.8	47.2	47.1	44.9	38.5	30.5
1992	47.9	44.6	44.5	47.2	45.9	44.2	38.7	30.5
1993	47.6	44.8	44.3	47.2	45.5	43.0	40.0	30.5
1994	47.6	44.7	44.1	47.2	44.2	41.9	39.5	30.5
1995	47.6	44.4	43.7	47.2	43.5	41.8	39.0	30.5
1996	47.0	43.7	43.4	47.2	41.8	42.0	38.4	30.5
1997	47.0	43.2	43.6	47.2	42.1	41.4	37.9	30.5
1998	46.6	42.8	43.3	47.2	42.0	41.0	37.4	30.5

续表

年份	中国	美国	日本	韩国	俄罗斯	印度	南非	巴西
1999	46.7	42.6	42.9	47.2	39.4	40.8	36.9	30.5
2000	46.8	42.2	42.3	47.2	37.4	40.6	36.3	30.5
2001	46.6	42.8	41.5	47.2	36.9	39.9	35.2	30.5
2002	44.8	43.1	41.0	47.2	38.2	39.2	34.1	30.8
2003	44.3	43.3	40.6	47.2	38.5	38.5	32.9	30.3
2004	43.6	42.8	40.0	47.2	38.3	37.7	32.2	30.8
2005	43.4	42.1	39.8	47.2	38.5	37.0	30.8	30.2
2006	43.2	41.6	39.5	47.2	37.2	36.1	30.6	30.4
2007	43.1	41.7	39.4	47.1	37.8	35.2	29.9	31.3
2008	43.1	42.1	39.8	46.8	35.3	34.3	31.2	30.7
2009	43.2	43.3	39.8	46.8	36.2	33.4	31.7	31.0
2010	43.3	42.3	39.1	44.9	38.3	32.5	30.7	30.3
2011	42.8	42.2	39.0	44.9	36.3	31.1	30.2	29.6
2012	43.8	41.3	39.0	45.9	38.2	30.5	28.7	30.1
2013	43.6	41.7	39.0	45.9	37.0	30.3	28.7	30.8
2014	44.1	41.3	38.9	46.9	38.1	29.7	28.8	30.6
2015	44.0	41.3	39.0	44.7	38.1	29.7	28.8	29.9
2016	44.1	41.7	39.0	44.7	37.7	29.7	28.8	31.3
2017	43.3	41.1	38.9	44.7	37.6	29.7	28.8	31.8
2018	43.5	40.9	38.9	44.7	37.0	29.7	28.8	32.2
2019	43.7	40.7	38.9	44.7	36.9	29.7	28.8	32.8
2020	43.0	41.7	38.9	44.7	33.6	29.7	28.8	32.5
2021	42.9	40.6	38.9	44.5	33.6	29.7	28.8	32.5
累计变化	-4.2	-5.5	-5.8	-2.7	-15.9	-16.7	-10.8	2.0

注：中等收入群体指税前国民收入中间的40%人群。

资料来源：世界不平等数据库。

后　记

共同富裕是中华民族自古以来的美好梦想，是马克思主义的基本目标，是社会主义的本质要求，是中国共产党的重要使命，也是新发展阶段满足人民美好生活需要的内在要求。但是也应认识到，前途是光明的，道路是曲折的，在新发展阶段下实现共同富裕的进程不可能一帆风顺，更不可能一蹴而就，特别是在当前我国地区收入差距、城乡收入差距、行业收入差距较大问题仍然普遍存在的情况下。本书的创作初衷就是要研究在新发展阶段下如何缩小收入差距更好促进实现共同富裕的路径措施。诚然，仁者见仁，智者见智，本书的研究结论也仅是个人在前期研究积累的基础上提出的可供参考的路径措施，并不表明政府相关部门未来一定会采取这些相关的举措，也不是推动共同富裕进程中唯一的政策选项。

本书写作从 2022 年 7 月开始落笔，至今一年有余成稿，写作期间，国家信息中心经济预测部的张宇贤、王远鸿、牛犁、闫敏、胡祖铨、韩瑞栋等对书稿提出了富有建设性的写作意见。他们当中有的对书稿的写作大纲进行了悉心指导和修改，有的对文字表述进行了认真推敲和完善，有的对数据进行了认真研判和测算，还有的为书稿中所提出的政策建议提供了有益的思路启发，在此一并表示感谢！同时，在成书的过程中，也离不开经济管理出版社相关人员的付出和努力，正是他们的辛勤劳动使本书得以在最短的时间内公开出版，在此也对他们致以最诚挚的谢意！

缩小收入差距　促进实现共同富裕是一项纷繁复杂、长期艰巨的系统性工程，需要集众智、汇众力，希望本书的出版能够为这项系统性工程的实施尽一点绵薄之力，能给读者一点启发。

陈彬

2023 年 9 月于北京